本书出版得到了乐施会的支持，但不必然代表乐施会的观点。

巴西在非洲的
合作与投资

以莫桑比克的热带草原发展项目为例

BRAZILIAN COOPERATION AND
INVESTMENTS IN AFRICA

The Case of ProSavana in Mozambique

〔巴西〕塞尔吉奥·施莱辛格　著
(Sergio Schlesinger)

张传红　齐顾波　译

社会科学文献出版社
SOCIAL SCIENCES ACADEMIC PRESS (CHINA)

Brazilian Cerrado　巴西热带草原

ProSavana　热带草原发展项目

Federação de Órgãos para Assistência Social e Educacional (FASE)
社会及教育扶助机构联盟

União Nacional de Camponeses – UNAC (National Union of Peasants)
全国农民联合会

the Associação Rural de AjudaMútua –ORAM (Rural Mutual Aid Association)　农村互助援助协会

the Banco Nacional de Desenvolvimento Econômico e Social (BNDES) (National Economicand Social Development Bank)
巴西国家经济和社会发展银行

the Instituto de Pesquisa Econômica Aplicada (IPEA) (Institute of Applied Economic Research)　应用经济研究所

GeVale Indústria Mineira Ltda. Company　杰维尔工矿业有限公司

Ação Académica para o Desenvolvimento das Comunidades Rurais (ADECRU) (Academic Action for the Development of Rural Communities)
农村社区发展学术动议

Sociedade de Desenvolvimento do Corredor do Norte (SDCN) (Northern Corridor Development Company)　北部走廊发展公司

the Central East African Railway (CEAR)　中东非铁路

Petróleos de Moçambique (Petromoc)　莫桑比克石油公司

the National Institute of Statistics of Mozambique (INE)
莫桑比克国家统计所

the Brazilian Cooperation Agency (ABC)　巴西合作署

The Fund for the ProSavana Development Initiative (PDIF)
热带草原发展项目发展倡议基金

Embrapa (Brazilian Agricultural Research Corporation)
巴西农业科学院/巴西农科院（或称：巴西国家农牧公司）

Purchase from Africans for Africa (PAA Africa)　非洲食物购买项目

Programa de Aquisição de Alimentos (PAA) (Program for Food Acquisition)
巴西食物购买项目

Ministério do Desenvolvimento Social e Combate à Fome(MDS) (Ministry of Social Development and Fight Against Hunger)　社会发展与反贫困部

Ministério do Desenvolvimento Agrário (MDA) (Ministry of Agricultural Development)　农业发展部

Companhia Nacional de Abastecimento (CONAB) (National Supply Company)　国家供给公司

Programa Nacional de Fortalecimento da Agricultura Familiar (PRONAF) (National Program to Strengthen Family Farming)　国家强化农耕项目

Programa Nacional de Alimentação Escolar (PNAE) (National School Meals Program)　全国学校供餐计划

Fundo Nacional de Desenvolvimento da Educação (FNDE) (National Fund for Educational Development)　国家教育发展基金

the Conselho Nacional de Segurança Alimentar e Nutricional (CONSEA) (National Council on Food and Nutrition Security)　国家食品与营养安全委员会

Confederação Nacional da Agricultura e Pecuária (CNA) (Brazilian Confederation of Agriculture and Livestock) 巴西农牧联合会

Conselho Superior do Agronegócio (COSAG) (Superior Agribusiness Council) 优等农业综合产业委员会

Federação das Indústrias do Estado de São Paulo (FIESP) (Federation of Industries of the State of São Paulo) 圣保罗州工业联合会

Associação Mato-Grossense dos Produtores de Algodão (AMPA) 马托格罗索农业生产者协会

Programa de Desenvolvimento dos Cerrados (Polocentro) (Cerrado Development Program) 热带草原开发项目

the Programade Assentamento Dirigido do Alto Paranaíba (PADAP) (Programof Guided Settlement of Alto Paranaíba) 巴西奥托巴拉纳坝引导土地转让项目

and the Programa de Crédito Integrado do Cerrado (PCI) (Cerrado Program of Integrated Credit) 热带草原综合信贷项目

Japan-Brazil Agricultural Development Cooperation(JADECO) 日本—巴西农业开发合作公司

Companhia Brasileira de Participação Agroindustrial (BRASAGRO) (Brazilian Agribusiness Participation Company) 巴西农业综合产业参股公司

Companhia de Promoção Agrícola (CAMPO) (Agricultural Promotion Company) 农业推广公司

Celulose Nipo-Brasileira (CENIBRA) (Japan-Brazil Pulp) 巴西—日本纸浆项目

目　录

　　在莫桑比克和巴西，一些社会组织和社会运动联合起来，支持那些为正义、权利和食物安全以及国家主权而进行的抗争，而巴西在莫桑比克的合作和投资从根本上产生了并影响着这些抗争。该报告旨在将各种联合支持的活动整合到一起。

　　该报告所呈现的研究对巴西在非洲的合作和投资的动机与实际行动做了分析。该报告展示了数据、信息并分析了巴西在非洲的农业合作和投资。报告将巴西与莫桑比克以及日本与莫桑比克的合作伙伴关系作为案例，尤其是热带草原发展项目，关注其农业生产系统的实施。这一农业生产系统以单一作物种植为基础，比如大豆、玉米以及其他作物，这种农作方式则受到巴西热带草原主导模式的影响。

　　该研究是社会及教育扶助机构联盟（FASE）为全国农民联合会（UNAC）和农村互助援助协会（ORAM）做日常咨询和合作而进行的，这两个机构是莫桑比克代表农民的组织。全国农民联合会成立于1987年，其代表农民以及农民组织，目标是通过加强农民组织及其在公共政策以及发展战略中的参与，以保障社会、经济与文化权利，以及食物主权。农村互助援助协会创建于1992年，这个组织有着在土地和自然资源领域进行通力协作的特征，这些协作则是为了保障农村社区的土地权属，以及可持续地使用土地；该机构通过加强农村社区的能力以使其成为农村发展运动的主要行动者，从而能够促进社区发展战略的制定实施、明晰且保障土地与自然资源的权属及其可持续使用。①

①　ORAM (2009). | Strategic Plan: ORAM Maputo.

　　社会及教育扶助机构联盟在巴西社会51年的运行中，与那些为土地、环境正义以及食物安全和主权而斗争的社会运动紧密合作，不仅在国家层面，也在各个地区有着地方运行机制，比如帕拉（Pará）、马托格罗索（Mato Grosso）、伯南布哥（Pernambuco）、巴伊亚（Bahia）、圣埃斯皮里图（Espírito Santo）及里约热内卢（Rio de Janeiro）。社会及教育扶助机构联盟所在区域和小范围的动态变化很大程度上受到国内和国际环境的影响，比如国际贸易中的农业谈判事宜，巴西在谈判中极力维护的利益与该国占主导地位的农业模式有着直接的关系，即以出口导向的大规模单一农作物种植为基础。在马托格罗索，一方面有着显著的出口商品农作物的统治地位特征，另一方面也有着家庭农场农民进行社会以及生产反抗的特征。这种为巴西所采纳的农业模式则反映在该国的国际合作与投资中，也即该研究所要呈现的内容。

第一章　巴西外交政策与南南合作

过去的十年间，国际发展合作及伴随其所产生的投资经历了深刻而快速的变化。其间所呈现的变化与日益向多极化结构转型的国际体系的影响密切相关，南南合作在国际合作动态中的作用日益扩大。诸如巴西、中国和印度等国家已经将它们的合作与投资机制纳入到为争取一种新的权力均衡而进行的斗争中。南南合作的主要特征体现在其经济与政治维度方面，正如由金砖五国（BRICS：Brazil, Russia, India, China and South Africa）、印度—巴西—南非对话论坛（IBSA）所发起的倡议。

在巴西，讨论的热点在国际合作与投资方面，也即新的国家外交政策指导方针的主要构成部分。巴西当今所开发的绝大多数合作项目集中于拉丁美洲和非洲，而撒哈拉以南非洲国家成为重中之重。2010年，协调政府国际援助项目的巴西合作署（Agência Brasileira de Cooperação，ABC）近60%的支出以抵达非洲为目标。巴西合作署首次指派的国外协调员就在莫桑比克，这是巴西在非洲增进合作的信号，ProSavana的启动更体现其重要意义。由总统幕僚长协调创建的一个非洲小组，旨在协调在非洲大陆的政府行动。

巴西在非洲的合作与投资以不同方式运行，其间联邦政府和私人企业都置身其中，技术支持、直接投资和政府贷款是主要的形式。合作通过多边或者三方、双边以及区域协议的方式，主要涉及技术、金融和人道主义的领域。

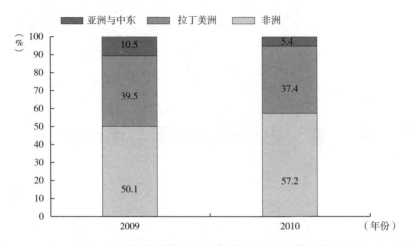

图1 巴西在国际发展项目中的投入（各洲的份额，2009~2010）

资料来源：ABC 2009 and 2011。

注：2009年和2010年的总额分别为：亚洲与中东为2012682美元和2082674美元；拉丁美洲为7575235美元和14437785美元；非洲为9608816美元和22049368美元。

1.巴西的国际合作

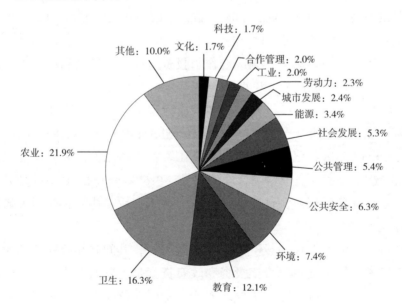

图2 技术合作：2003~2010年资金分布的主要领域

资料来源：Lídia Cabral，"Cooperação Brasil-África para o desenvolvimento: Caracterização, tendências e desafios",Textos Cindes Nº26, December, 2011。

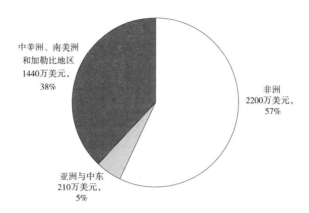

图3 技术合作：预算执行的地理分布（2010年）

资料来源：ABC (2011)。

Lídia Cabral, op. cit.

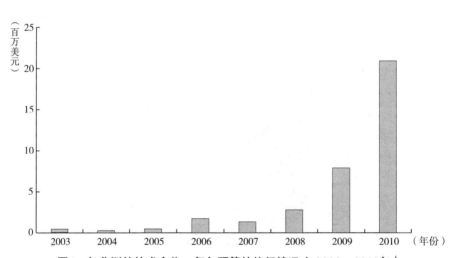

图4 与非洲的技术合作：每年预算的执行情况（2003～2010年）

资料来源：ABC (2011)。

Lídia Cabral, op. cit.

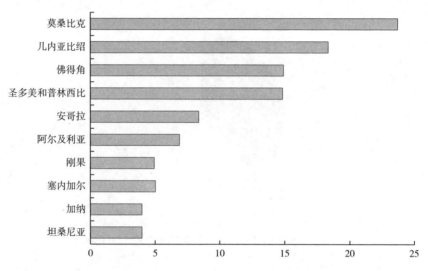

图5　与非洲的技术合作：根据正在进行的项目数额计算的主要合作伙伴

资料来源：ABC (2011)。
Lídia Cabral, op. cit.

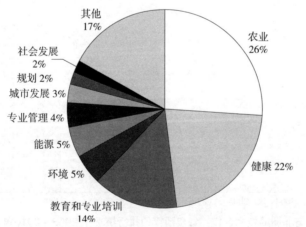

图6　与非洲的技术合作：主要合作领域（基于资金配额）

资料来源：ABC (2011)。
Lídia Cabral, op. cit.

2.合作、投资和贸易：三者密不可分

在巴西与非洲之间的合作活动日益频繁的同时，其在产品和服务方面的投资和贸易额也在不断增长。在过去的10多年间，巴西与非洲国家的贸易额由2002年的43亿美元增加到2011年的276亿美元。

该数据显示，以合作形式驱动的资源流动与以主要支持巴西公司的国际化，并为与之有关的跨国公司谋取经济利益的投资数额之间存在差异。巴西的公司，包括私人资本和国有企业，在非洲大陆的数量越来越多。通过国家经济和社会发展银行（BNDES），巴西政府还资助了一些为多种合作模式签署协议提供便利的工程项目。同时，投资基金也寻求并吸引能促进巴西在非洲投资增长的金融资源。

热图利奥·瓦加斯基金会（Fundação Getúlio Vargas）的FGV项目，计划为农村发展项目吸引10亿美元的资金，该基金由隶属于德国德意志银行的DWS投资公司负责协调。而且，2012年6月，巴西最大的投资银行——巴西百达（BTG Pactual），也宣布要筹资10亿美元，为非洲创立全球投资基金，重点投资基础设施领域、能源和农业。①在莫桑比克，2012年7月吸引了20亿美元的资金投资于农商部门，后面我们会详细介绍该资金。

中国与印度等新兴经济国家也一直在寻求在非洲大陆扩大合作和投资的机会，主要原因在于非洲具备出口能源和食品的潜力。而巴西则不同，它并不依赖此类的进口。除了寻求其对外政策中规定的扩大巴西在国际体系中的政治空间和影响之外，近年来巴西公司在其他国家业务扩张的战略重要性更加突出。巴西在非洲大陆开采石油和矿产资源，参与非洲基础设施建设中的工程项目，至今已经有些年头了。

巴西政府看到了本国公司在不同行业扩张的巨大潜力。在最近的一份声明中，巴西国家经济和社会发展银行（BNDES）总裁露丝阿罗·库迪努（Luciano Coutinho）强调要鼓励本国公司介入非洲的某些行业。对库迪努

---

① Brazil competes with China and India to invest in Africa. *O Estado de S. Paulo* newspaper – 7/27/12.

来说，巴西与非洲的一体化不仅为巴西的大公司提供了机会，而且也会惠及中型公司。他认为，糖业和乙醇、电信、能源、可再生能源、石油化工、钢铁、汽车产业、生产资料、零售、交通、银行服务和医药等行业都很有吸引力。[①]

根据应用经济研究所（IPEA）的分析，巴西私有企业在非洲的投资自20世纪80年代就开始了："虽然它们遍布非洲，巴西公司的经营主要集中于撒哈拉以南非洲的基础设施、能源和矿业行业。"这些传统的公司，从投资和销售额方面来看，包括安德拉德·古铁雷斯建筑公司（Andrade Gutierrez），卡马戈·科里建筑公司（Camargo Corrêa），奥德布勒希特建筑公司（Odebrecht），巴西国家石油公司（Petrobras），奎罗兹·高娃建筑公司（Queiroz Galvão）和巴西淡水河谷公司（Vale）。应用经济研究所认为，马可波罗客车公司（Marcopolo）因其独特的经营方式也应该被提及（IPEA，2011）。

3.在非洲的巴西公司

根据威尔拉斯·布瓦（Villas Bôas，2011）的见解，非洲22个国家都有巴西的公司，集中于矿业和土木建筑行业，中小型和特许经营的企业在将来也会有很大的潜力。服务行业非常突出，而当其他投资行业绩效显著时，它的表现最为突出。

奥德布勒希特建筑公司是在非洲项目最多的一家巴西建筑公司，在南非、安哥拉、博茨瓦纳、吉布提、加蓬、利比亚、利比里亚、莫桑比克和刚果民主共和国都有项目。该公司不仅与政府和其他外国公司合作，还与巴西其他承包商联合。业务范围包括石油和天然气开采、基础设施和居民楼建设、城市规划、钻石挖掘经营和食品分销。通过其子公司ETH，该公司还投资糖业和乙醇生产。

安德拉德·古铁雷斯建筑公司经营土木建设，在安哥拉、阿尔及利亚、喀麦隆、几内亚、赤道几内亚、利比亚、马里、毛里塔尼亚、莫桑比克和刚果民主共和国也很活跃。该公司于1984年开始在非洲开展业务，除经营房地

① BNDES.巴西经济和社会发展银行研讨会强调在非洲大陆投资与合作的机会，2012年5月7日。

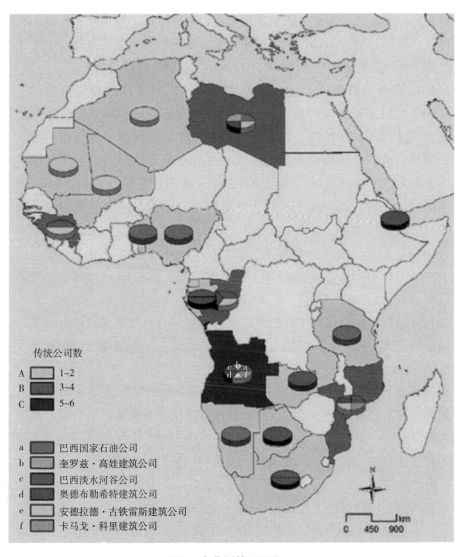

传统公司数

A ▢ 1~2
B ▨ 3~4
C ▩ 5~6

a ▩ 巴西国家石油公司
b ▤ 奎罗兹·高娃建筑公司
c ▥ 巴西淡水河谷公司
d ▨ 奥德布勒希特建筑公司
e ▢ 安德拉德·古铁雷斯建筑公司
f ▤ 卡马戈·科里建筑公司

图7　在非洲的巴西公司

资料来源: 应用经济研究所。

产、土木建设和城市规划项目外，也一直从事高速路和道路建设。同行业的卡马戈·科里建筑公司，在安哥拉和莫桑比克的土木建设项目非常活跃，而奎罗兹·高娃建筑公司则在安哥拉和利比亚开发了更大的项目。

　　巴西淡水河谷公司是全球第二大矿业公司，在9个非洲国家都有业务，它们是：南非、安哥拉、刚果、加蓬、几内亚、利比里亚、赞比亚、马拉维和莫桑比克。根据其2012年10月在公司网站上发布的信息，公司打算在未来几年于非洲投资77亿美元，与该预算相对应的项目款项已经获得批准。

正如应用经济研究所（2011）所描述的，巴西淡水河谷公司购买了在南非和刚果民主共和国的矿业公司，主要从事铜和钴的开采。在莫桑比克，该公司已经正式开始铁、钢和煤的开采，除了在2004年购买煤矿投资的20亿美元之外，承诺再投资40亿美元。在安哥拉，该公司的主要目标是确定适合开采铜和镍的区域。通过杰维尔工矿业有限公司和与基尼尔斯·安哥拉集团（Genius Angolan Group）的联盟，巴西淡水河谷公司在位于赞比亚边境的莫希省——与刚果（金）的加丹加（Katanga）一起形成世界上最大的铜脉地带——开展了勘探活动。在几内亚（科纳克里），该公司购买了BSG资源有限公司（几内亚）51%的股份，该公司在几内亚有铁矿石的特许开采权。

2011年12月的网站信息中，巴西淡水河谷公司宣称其与马拉维政府签订了建设铁路走廊的协议，铁路建成后，它在莫桑比克生产的煤可以经由该铁路运输。

巴西国家石油公司（Petrobras）在非洲的业务优先考虑寻找和开采石油，尤其是深水和极度深水里的石油，其在安哥拉、利比亚、尼日利亚和坦桑尼亚都有业务。近年来，该公司购买了50%的开采贝宁海岸7400平方公里区域的轻质油的参与权。在纳米比亚，该公司也有50%的开采深水及极度深水下石油的参与权。

根据跨国公司观察站（Transnational Corporations Observatory）的信息，2012年巴西国家石油公司计划在非洲参与4个新的钻井工作，其中3个在安哥拉，1个在坦桑尼亚。到2013年，计划投资3个钻井，1个在纳米比亚，1个在加蓬，最后一个在贝宁。[①]

相应地，巴西石油生物燃料公司（Petrobras Biocombustíveis，PBio）也在参与巴西政府将一些非洲国家转变成重要的乙醇和生物柴油生产者的行动。通过与法国特勒尔斯生物汽油生产集团（Tereos）合作，PBio打算将其乙

---

① http://observatoriodasempresas.blogspot.com.br/2011/09/petrobras-na-africa.html.

醇生产业务拓展到非洲。

巴西在非洲的农业生产项目主要集中在莫桑比克，下面我们会对此进行分析。

4.巴西国家经济和社会发展银行（BNDES）与非洲的贸易关系

通过巴西国家经济和社会发展银行，巴西对其向非洲国家的出口提供融资服务。以安哥拉为例，巴西用东道国销售石油获得的应收账款作担保，为在非洲进行基础设施建设所需的巴西货物和服务的进口提供贷款。2012年对安哥拉提供的贷款总额预计可达6亿美元。这一模式将很快被复制到加纳和莫桑比克。基于此，有研究表明，一些新的担保选择将出现，如用与煤炭相关的应收账款作担保来为某些项目提供贷款。[①]

从巴西国家经济和社会发展银行的角度来看，安哥拉的经验表明，在基础设施之后，生产性行业其他项目的融资机会可能会出现。安哥拉也会非常乐意使用部分新型信用来培育其生产性行业，包括依赖使用人力和机械的农业。

除安哥拉外，巴西国家经济和社会发展银行已经向莫桑比克提供贷款支付。加纳政府也希望获得10亿美元来资助本国的基础设施项目。随着最近发现的石油储备和已经建立的监管制度框架，加纳已经具备利用石油储备作为担保的条件，可以获得与安哥拉相似的贷款。

[①] Francisco Góes. Brazil wants to replicate its trade model with Angola in other African countries. *Valor Econômico* newspaper, 5/2/12.

第二章　与莫桑比克的合作

　　根据巴西发展署的统计，除了上文已经提到的协议，巴西与莫桑比克于2011年签署了6项新的合作协议："莫桑比克社会保障现代化"、"教师和地方官的法律培训"、"莫桑比克母乳库和哺乳中心的实施"、"扶持远程健康中心、图书馆和莫桑比克妇女、儿童以及成人健康的远程教育项目"、"莫桑比克食品丰盈项目的相关方法培训与推广"以及"社区种子库和种子恢复、繁殖、储存和在家庭农场中传统种子的使用培训"。①

1.巴西淡水河谷公司

莫阿蒂泽的煤

　　巴西大型公司在莫桑比克的投资从20世纪90年代就开始了。2004年，巴西淡水河谷公司获得了太特省赞比西河流域莫阿蒂泽两个煤矿的开采权，投资金额达17亿美元，煤矿于2007年7月开始生产，为世界上第二大露天煤矿，也是巴西在海外最大的矿业工程项目。2012年，也即该矿全年运作开采的第一年，共生产煤炭380万吨，预计到2015年，产量可达970万吨。在莫阿蒂泽的第二个煤矿将在2015年开始生产。巴西淡水河谷公司在莫阿蒂泽的投资总额为85亿美元，超过莫桑比克国家GDP的一半。

巴西淡水河谷公司产生的影响

　　巴西淡水河谷公司在莫阿蒂泽的开采和经营导致1300多个家庭被迫离家。由于他们的合法权益没有得到应有的尊重，这些家庭不得不经常

---

① ABC，http://www.abc.gov.br/abc_por/webforms/interna.aspx?secao_id=105&Idioma_id=1.

表1　巴西淡水河谷公司在莫阿蒂泽的煤生产量

单位：百万吨

年　份	2011	2012	2013	2014	2015
煤产量	0.6	3.8	6.2	6.4	9.7

资料来源：*Folha de São Paulo newpaper*。

抗议。根据农村社区发展学术动议（ADECRU），他们要求针对他们遭受的损失，公司能够为他们提供公正的赔偿，这些损失包括与制造瓦片相关的主要收入来源丧失，并立即提供其他可供选择的居住区域和收入来源。在公众咨询和参与的过程中，巴西淡水河谷公司承诺向每位参与抗议活动的人员提供3000~4000美元的补偿，但最终他们只收到2000美元。①

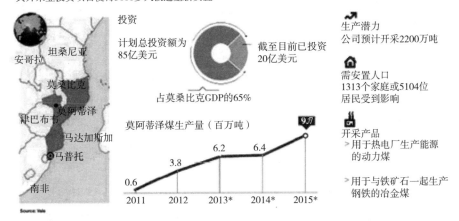

图8　淡水河谷公司在莫桑比克概况

资料来源：巴西《圣保罗页报》。

根据巴西《圣保罗页报》的报道，这些居民被重新安置的地方的土地没有足够的水，很多都是不能耕种的。"它们承诺要给我们2公顷土地，但实际

① Those Affected by Vale Block and Force the Stoppage of the Mine in Mozambique. http://adecru. wordpress.com/?s=Atingidos+pela+Vale+Bloqueiam+e+For%C3%A7am+a+Paralisa%C3%A7%C3%A3o+da+Mina+em+Mo%C3%A7ambique&submit=Termo.

上只给了我们1公顷，而且土地的质量很差，什么东西都长不出来。"39岁的约翰·萨里库协巴·即墨（João Salicuchepa Gimo）先生告诉记者，他和他的妻子带着7个孩子住在CATEME居住区。因为离城市很远，他们不能从事以前能够为他们带来收入的夜间工作。他说："我们以前可以在城市里卖点衣服获得一些额外收入，每个月我们一家人可以赚300美元。但现在，我们离太特市太远，根本不能从事这种工作了。"[1]

交通基础设施

2010年，巴西淡水河谷公司购买了北部走廊发展公司（SDCN）51%的股份，该公司隶属于莫桑比克因赛特科集团（Insitec SGPS）。北部走廊发展公司控制北部发展走廊（CDN）和中东非铁路（CEAR）51%的股份。

北部发展走廊在莫桑比克拥有872公里长的铁路建设的特许权，从尼亚萨省的恩崔拉各斯，到莫桑比克北部楠普拉省的纳卡拉港，还包括纳卡拉港口。中东非铁路拥有整个马拉维铁路体系共计797公里的特许权，从而将整个国家东西南北贯穿起来。

北部发展走廊和中东非铁路系统在太特省的莫阿蒂泽矿区附近连接。这一基础设施在增加莫阿蒂泽承载力的同时，也将磷矿石从伊维特（Evate）运到非洲东海岸，还将赞比亚铜带的产品及赞比亚—马拉维—莫桑比克中轴地带的其他货物运送出去。这一业务是巴西淡水河谷公司在中部和东部非洲建立基础设施策略的一部分，也包括在纳卡拉建立一个新的深水海运终点站。[2]

2012年，莫桑比克政府批准了从莫阿蒂泽到印度洋边上纳卡拉港口之间780公里铁路线的建设和开采权。工程项目将由巴西淡水河谷公司与莫桑比克CFM国有公司组成的一个联营公司共同承担，该联营公司由巴西淡水河谷控股80%，CFM拥有其余20%的股份。预计总投资额将达15亿美元。莫桑比克政府期望该铁路建成后，除了运输货物外，还能运送旅客，像在巴西境内由淡水河谷公司在马拉尼昂州经营的两条铁路线：维多利亚—米纳斯（Vitória-Minas）以及卡拉加斯—圣路易斯（Carajás-São Luís）。

---

[1] Vale Megaproject is Target of Protests in Mozambique. *Folha de São Paulo* newspaper, 4/22/13.

[2] Vale Structures Logistics to Support Its Operations in Africa. www.vale.com.br/pt-br/investidores/press-releases/paginas/vale-estrutura-logistica-para-apoiar-suas-operacoes-na-africa.aspx.

　　然而，连接莫阿蒂泽与贝拉港口的塞纳铁路的经验表明，铁路建设不仅没有满足载客的要求，而且还是造成河谷公司与另一在莫阿蒂泽区本噶（Benga）开采煤矿的公司力拓公司（Rio Tinto）产生纠纷的原因。

　　随着铁路的建设，延伸到邻国马拉维与莫阿蒂泽的铁路线的建设也成为可能，因为马拉维不靠近海，铁路将会为其产品进出口和客运提供便利。河谷公司已经对这一段铁路的建设和运行表现出兴趣，预计实施该工程项目的成本会达到7亿美元。[①]

　　莫纳波的磷酸盐

　　2012年6月，淡水河谷莫桑比克公司开始研究位于楠普拉省莫纳波区的伊维特（Evate）矿磷酸盐的开采。目前，该项目正在可行性研究三阶段计划中的第二个阶段。[②]

　　该矿与淡水河谷莫桑比克公司签订了28年的协议。通过磷酸盐的开发，河谷公司计划在纳卡拉—老海岸建立化肥生产工业区，来满足即将在纳卡拉走廊兴起的农业商业公司的需求。该项目的预算为30亿美元，将会位于那那（Nanare）热带，占地面积700公顷。

2.奥德布勒希特建筑公司

　　奥德布勒希特建筑公司与卡马戈·科里建筑公司联合，也参与了河谷公司在莫阿蒂泽的煤矿设施的建设。除矿业、基础设施和煤炭加工厂的建设外，奥德布勒希特建筑公司也负责为因建设而需要搬迁的那些家庭建造房屋。

　　捐献给这些家庭的房子，由奥德布勒希特建筑公司和一家外包公司承建，目前正在被二次重建，很多家庭不得不住在帐篷中。交接之后的几个月，房屋就出现了裂缝和漏水，雨水的侵蚀开始破坏房屋的结构。[③]

　　该公司还承建纳卡拉国际机场，计划在2013年开始动工，预算为1.14亿美元，其中8000万美元依赖国家经济和社会发展银行贷款。另外在贝拉港的

---

①　Emerson Penha. Vale will Construct a Railway in Mozambique. EBC, 7/4/12. http://agenciabrasil.ebc.com.br/noticia/2012–07–04/vale–vai–construir–ferrovia–em–mocambique.

②　http://obraspelomundo.blogspot.com.br/2013/04/a–segunda–maior–do–mundo–em–producao–de.html.

③　Vale Megaproject is Target of Protests in Mozambique. *Folha de São Paulo* newspaper, 4/22/13.

第八煤炭码头的建设预期中，有2.2亿美元也来自国家经济和社会发展银行的贷款。

3.卡马戈·科里建筑公司

除了与奥德布勒希特建筑公司合作开发河谷公司在莫阿蒂泽的矿产外，卡马戈·科里建筑公司在莫桑比克的业务还涉及水泥生产和水力发电站的建设领域。

2010年，卡马戈·科里建筑公司从莫桑比克因赛特科集团（Insitec）购买了纳卡拉水泥(CINAC) 51%的股份。该厂位于楠普拉省纳卡拉港口城市，已经具备了每年生产35万吨水泥的生产能力。[①]2012年，它又取得葡萄牙水泥厂(CIMPOR)的控股权，购买了葡萄牙水泥厂95%的资产。其生产能力为每年100万吨，位于楠普拉的马托拉区。

2007年，卡马戈·科里公司赢得了在赞比西河建设姆潘达·恩库瓦（Mphanda Nkuwa）水电站的特许证。总投资额将会达到50亿美元，占整个莫桑比克国内生产总值的一半，成为这个国家第二大水电站，涵盖1500千米的传导系统，将北部与南部的发电系统连接起来。

卡马戈·科里公司还与莫桑比克当地两家公司——因赛特科集团和莫桑比克电力公司一起获得了特许经营权。原本计划今年年初开始，后来被推迟到2015年1月。主要的挑战是要确保资金来源：信用取决于能源供应合同。莫桑比克政府正在与南非及其他国家进行谈判。

为实施此项目，该公司将不得不让400户家庭搬迁，花费350万美元来进行安置、培训、实地研究和其他活动。该水电站已经具备临时环境证书，最终证书将会在安置计划准备好之后颁发。该项规则是在河谷公司的案例后采用的。

"如果我们被迫离开这里，我们将很难生存，我们靠这条河生活"，35岁的拉齐亚·阿尔伯托（Razia Alberto）说。她的丈夫是一位渔民，她和她的4个孩子靠种玉米和卖鱼为生，每天的收入大约为3.5美元。"我所有的祖先都住在这里，如果我们离开这里，将不知道如何生活下去"，她用尼咏维话

---

① Brazilian Camargo Corrêa Cimentos acquires control of cement company in Mozambique. http://www.macauhub. com.mo/pt/2010/06/14/9244/.

（Nhungue，通Nyungwe，班图语系塞纳语的一种）说道。①

4.瓜拉尼：巴西石油和太雷欧斯（Tereos）

莫桑比克对替代汽油非常感兴趣，因为该国所消耗的油百分之百都要进口。该国政府正在研究引进含10%的乙醇的汽油混合物。

瓜拉尼，其资产被太雷欧斯和巴西石油生物燃料瓜分，已经在莫桑比克有一个糖厂——塞纳河公司（Companhia de Sena），年均加工甘蔗120万吨。2011年12月，瓜拉尼宣布将与莫桑比克石油公司（Petromoc）开展合作，研究在莫桑比克生产乙醇，计划在原有的厂房附近建一座新厂，对甘蔗的废料（目前主要作为动物饲料销售）进行再加工。该战略的目标是生产生物燃料，同时不对糖的供应增长造成影响，而莫桑比克的糖也是依赖于进口。

5.巴西电力公司

在国有企业投资领域，巴西电力是在莫桑比克的大公司之一。作为国际化倡议的一部分，该公司将会参与两条传导线的安装，每条长度接近1500千米，从卡马戈·科里建筑公司建立的Mphanda Nkuwa水力发电站延伸出去。莫桑比克国有开发能源公司（EDM）、法国（EDF）和南非将会在该传导线项目上与巴西电力公司合作。②

一旦运营，该系统将会使目前只有一个大型水力发电站的莫桑比克的能源供给增加1倍，与在城镇中安装的化学燃料发动机相互补充。初步的讨论结果表明，巴西电力公司将会持有该项目49%的股份。控股权（51%）属于莫桑比克国有能源开发公司。③

---

① PCM Camargo Côrrea Tries to Avoid a Conflict Similar to that of Vale in Mozambique. http://www1.folha. uol.com.br/mundo/2013/04/1266524-camargo-correa tentaovitar-conflito-similar-ao-da-vale-em- mocambique.shtml.
② Glauber Gonçalves. Eletrobras Will Enter a Partnership with a French State Enterprise. Agência Estado, 9/3/12. http://economia.estadao.com.br/noticias/negocios%20geral,eletrobras-fara-parceriacom-estatal- da-franca,125313,0.htm.
③ Vladimir Platonow. Eletrobras Internationalization Project Prioritizes Investments in Africa and in South America. Agência Brasil, 4/18/12. http://agenciabrasil.ebc.com.br/noticia/2012-04-18/projeto-de- internacionalizacao-da-eletrobras-prioriza-investimentos-naafrica-e-na-america-do-sul.

6.巴西国家经济和社会发展银行（BNDES）

巴西国家经济和社会发展银行已经向莫桑比克支付款项。在还没考虑对河谷公司在莫阿蒂泽煤矿项目进行融资之时，该银行就已经将注意力转移到了这个非洲国家。但是巴西国家经济和社会发展银行正在参与另外一个项目，也就是奥德布勒希特公司负责的纳卡拉国际机场的建设项目，巴西国家经济和社会发展银行向该项目融资1.2亿~1.5亿美元来购买机场所需要的巴西的商品和服务，预期还要资助一个自由区和纳卡拉港口。2012年，巴西国家经济和社会发展银行对在非洲国家（包括安哥拉和莫桑比克）的巴西公司的支付达到6.819亿美元，比2011年的4.66亿美元高出46%。

巴西国家经济和社会发展银行出口领域的主管露丝耶内·马夏多（Luciene Machado）称：该银行在莫桑比克总的项目投资额，包括由安德拉德·古铁雷斯建筑公司建的大坝项目，约为5亿美元。[①]一些真正考虑的项目还没有包括在内，如卡马戈·科里建筑公司正在建设的在莫桑比克北部的发电站，该项目是巴西国家经济和社会发展银行第一个以煤矿的应收账款为担保做的业务。具体想法是将河谷公司向莫桑比克政府支付的开采煤矿的许可费作为向该项目提供的贷款的抵押品。

2013年4月，巴西国家经济和社会发展银行创立了一个新的部门，专门管理与非洲、拉丁美洲及加勒比地区相关的事务。其目的是增加向这两个地区出口产品和服务的巴西公司的融资。新部门的建立是在巴西国家经济和社会发展银行总裁露丝阿罗·库迪努（Luciano Coutinho）宣布银行已经放弃创造"国家冠军"的政策之后发生的，鼓励形成大的巴西公司以保证巴西公司在国际市场上的竞争力。[②]

---

① Francisco Góes. Brazil Wants to Replicate its Trade Model with Angola in Other African Countries. *Valor Econômico* newspaper, 5/2/12.

② Picture of the United Nations on Development Assistance to Mozambique, 2012–2015. www.undp.org. mz./Picture.

第三章 ProSavana:
莫桑比克热带草原开发的三边合作计划

2009年，根据联合国粮农组织（FAO）和世界银行公布的"唤醒巨人"的研究成果，被称为几内亚热带大草原的地区从塞内加尔一直延伸到南非，横跨25个国家，有4亿公顷的耕作潜力，目前只有10%得到利用。巴西和泰国东北部热带大草原的案例被用作参考来评估在莫桑比克、尼日利亚和赞比亚的非洲热带大草原相似地区的发展潜力。选择作为比较的产品（木薯、棉花、玉米、大米、大豆和蔗糖）在泰国和巴西的相应地区都被看作是最重要的农产品。

莫桑比克国家统计所的最新数据表明："目前70%的莫桑比克人居住在农村，而且大多以小农耕作为生。尽管付出了很多的努力，但莫桑比克的农业生产率还是极为低下，又加上气象灾害造成高度的脆弱性，很多人还遭受长期饥饿，农产品的产量低而且不可预测。"[①]

2010年，人口最多的省为莫桑比克北部的楠普拉省和赞比西省，人口都在400万以上，占整个国家总人口的40%。两个省农村人口的比例为70%~80%，高于国家平均水平。

在此背景下，莫桑比克、巴西和日本政府宣布了一项能够利用20世纪80年代中期日本—巴西稀树草原开发合作项目（Prodecer）获得的经验的合作倡议。但必须要强调的是，巴西热带大草原地区的社会经济状况与非洲的情

---

① 联合国对莫桑比克发展援助的图片，2012–2015，www.undp.org.mz./Picture。

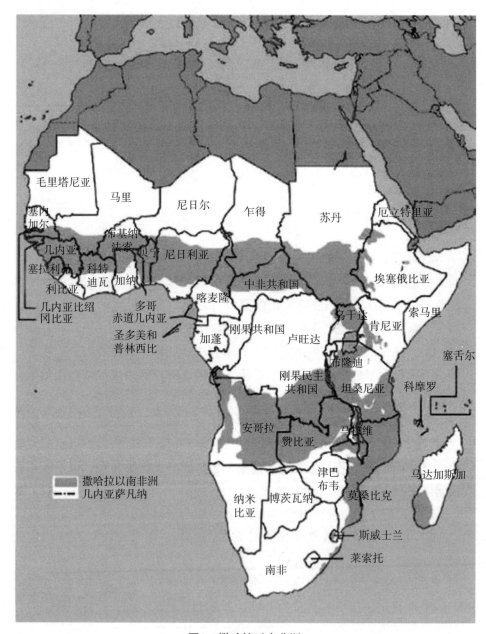

图9　撒哈拉以南非洲

资料来源：http://m.reliefweb.int/report/13334。

况有很大差异。因此，找到适合该地区农业可持续发展的新模式是非常有必要的。参与该项倡议的官方机构进一步强调，在这些新模式内，关于人类安全、食品安全、农村减贫和自然保护等因素必须被考虑在内。

莫桑比克—巴西—日本热带大草原发展项目发起于2009年，是三方政府之间的合作项目，莫桑比克政府以农业部为代表，巴西以巴西发展署和巴西农科院（Embrapa）为代表，日本以日本国际协力机构（JICA）为代表。它也是目前自2000年发起日本—巴西合作项目（JBPP）以来最大的合作项目。它包括技术合作项目的执行，正如在官方文件中提到的，要为纳卡拉走廊所在的莫桑比克北部地区的农业发展做出贡献。

日本国际协力机构认为，"其核心将会是以竞争和对社会环境负责的方式，促进莫桑比克的农村和区域农业发展，进而促进食品安全，以及市场主导的生产体系的建立"（JICA，2011）。

该项目的灵感来自日本国际协力机构与巴西合作农业和养殖业发展项目时所获得的经验，尤其是来自稀树草原开发合作项目和在1973年开始的联邦地区的定向安置项目（the Directed Settlement Programs in the Federal District，PAD-DF）（Embrapa，2011）。

与稀树草原开发合作项目相似，热带草原发展项目以20年为期限。最初的筹备性研究已经在项目范围之内，被分解成三个基本部分：

第一，研究项目(ProSavana-PI)，最初被称为ProSavana-TEC，以提高纳卡拉走廊农业发展研究和技术转移能力为目标；

第二，总体项目规划（ProSavana-PD），目的是为纳卡拉走廊的农业发展准备一个全面的规划图；

第三，项目推广（ProSavana-PE），以在家庭和商业农业领域开展试验生产项目作为目标。

1.第一部分——提高研究和技术转移能力

第一部分，ProSavana-PI，以提高莫桑比克农业研究所的研究能力与热带农业技术转移为主要目标。本部分的其他活动包括为本地区建立合适的农业模式以及为支持项目总体规划的准备做研究。因此ProSavana-PI是项目实践的第一部分，2011年开始，计划持续5年，具体目标包括以下几方面

（Embrapa，2011）：

①在楠普拉和利欣加的中心地带加强技术操作和扩散；

②对社会经济条件进行评估，建立评估新技术使用对社会环境的影响的方法和标准；

③在纳卡拉走廊确立和评估农业实践所具备的自然资源条件，利用可持续使用的技术；

④开发和利用有效的技术手段进行农业种植和动物养殖；

⑤与农耕社区合作，开发和确定在所选择的示范区的农业技术。

项目第一部分将会通过巴西农科院得到日本和巴西的热带农业研究机构提供的支持，提高莫桑比克农业研究所（IIAM）的研究和开发活动的质量。日本国际协力机构与巴西合作署将会共同努力为本项目活动进行协调。1468万美元将会被用于这一段时期的活动，其中619万美元（42%）由巴西合作署出资；643万美元（44%）由巴西农科院以均等的技术小时折算；莫桑比克政府出资207万美元（14%），也以均等的技术小时和其他成本支出折算（Embrapa，2011）。

2.第二部分——总体规划

为准备总体规划设计的研究于2012年3月启动，其最终版本应在2013年10月完成。总体占地面积1400万公顷，2011年有430万人居住在这里。规划包括位于3个省的19个区：

楠普拉省：	尼亚萨省：	赞比西省：
莫纳波 (Monapo)	利欣加 (Lichinga)	古鲁埃 (Gurue)
梅孔塔 (Meconta)	恩加乌马 (N'Gauma)	上莫洛奎 (Alto Molocue)
穆埃卡泰 (Muecate)	曼丁巴 (Mandimba)	
莫戈博拉 (Mogovolas)	库安巴 (Cuamba)	
楠普拉 (Nampula)	桑加 (Sanga)	
穆卢普拉 (Murrupula)	马乌内 (Majune)	
梅库布里 (Mecuburi)	梅康耶拉 (Mecanhelas)	
利巴韦 (Ribáuè)		
拉拉瓦 (Lalaua)		
马莱马 (Malema)		

根据农业实践类型进行分区的目的是确定每个区可能的生产安排和生产规模。为此，分为5个阶段：

①环境分区，根据环境脆弱性的类型对区域进行细分；

②社会—经济分区，将农村人口、交通基础设施、耕地面积和识字人口数等因素考虑进来；

③社会—环境脆弱性，将区分为四个明显不同的级别；

④土壤利用和土壤表面测绘；

⑤生产规模，对适合大规模商业化生产、中型商业化生产和家庭及小规模生产的区域进行描述。

基于这些考虑，项目涵盖地区被分为6个区域带，每个区域带都有各自不同的发展策略。

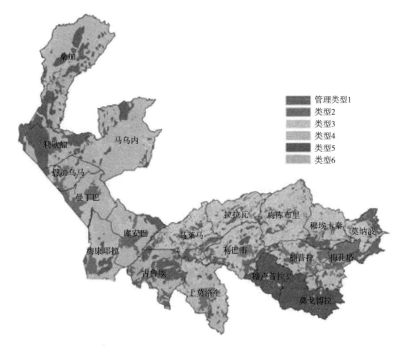

图10　根据农业实践类型分区

资料来源: 总体项目规划。

区域带Ⅰ——纳卡拉港口区域食品供给和高附加值作物生产

（1）主要作物推广。玉米用以满足区域内部需求；木薯、落花生和蔬菜用以满足区域内部、纳卡拉港口区和沿海区域需求；豇豆、木豆和芝麻用以满足区域内部需求和出口。

（2）发展小规模玉米和木薯加工厂。

（3）对老腰果树进行重栽，复兴腰果产业。

（4）促进棉花生产和相关的加工设施建设。

（5）支持蔬菜生产的小规模泵站灌溉。

（6）修复失效的用于蔬菜和其他高附加值作物的灌溉设施。

（7）培养"先进农民"，让他们成为农民协会/合作社的核心。

（8）开发与纳卡拉港口区域和沿海区域连接的农产品物流。

（9）严格控制在莫纳波的农地扩张。

（10）"重新造林"以提供替代天然森林的生物质。

区域带Ⅱ——纳卡拉走廊东部的农商中心

（1）主要作物推广。玉米用以满足区域内部需求；木薯、落花生和蔬菜用以满足区域内部需求和加工；豇豆、木豆和芝麻用以满足区域内部需求和出口。

（2）发展小规模玉米、木薯和大米加工厂。

（3）发展中型到大型的农业加工产业。

（4）对老腰果树进行重栽，复兴腰果产业。

（5）促进棉花生产和相关的加工设施建设。

（6）支持蔬菜生产的小规模泵站灌溉。

（7）修复失效的用于蔬菜和其他高附加值作物的灌溉设施。

（8）培养"先进农民"，让他们成为农民协会/合作社的核心。

（9）发展区域内部农商品物流。

（10）严格管理农地扩张（有效利用休耕地和现存的农业DUAT区域）。

（11）"重新造林"以提供替代天然森林的生物质。

（12）修复楠普拉和莫戈博拉之间的道路。

区域带Ⅲ——在纳卡拉走廊建立粮仓

（1）主要作物推广到整个纳卡拉走廊，主要是楠普拉和库安巴。

（2）促进蔬菜生产，尤其是洋葱和大蒜。

（3）促进大豆生产用于加工（食用油和动物饲料）。

（4）发展小规模玉米、高粱和木薯加工厂。

（5）发展中型到大型的农业加工产业。

（6）促进棉花生产和相关的加工设施建设。

（7）促进烟草生产。

（8）发展畜禽产业。

（9）支持蔬菜生产的小规模泵站灌溉。

（10）修复失效的生产蔬菜和其他高附加值作物的灌溉设施。

（11）培养"先进农民"，让他们成为农民协会/合作社的核心。

（12）发展公司农场，促进合同农业。

（13）有效利用休耕地和现存的农业DUAT区域。

（14）发展与纳卡拉、楠普拉和库安巴连接的农产品物流。

（15）修复农村道路网络。

区域带Ⅳ——特色高附加值作物生产

（1）利用凉爽的气候优势，促进蔬菜和马铃薯生产。

（2）对老茶树进行重栽，复兴茶产业。

（3）发展小规模玉米、高粱和木薯加工厂。

（4）培养"先进农民"，让他们成为农民协会/合作社的核心。

（5）严格控制新耕地扩张。

（6）修复和开发农村道路网络。

（7）"重新造林"以提供替代天然森林的生物质。

区域带V——具有战略意义的物流网络中心和农产品加工中心

（1）主要作物推广。玉米和豆类用以满足区域内部需求和加工；大豆生产用于加工（食用油和动物饲料）及出口；种植蔬菜以满足区域内部需求，并出口到马拉维。

（2）发展小规模玉米、高粱和大米加工厂。

（3）发展中型到大型的农业加工产业。

（4）促进棉花生产和相关的加工设施建设。

（5）促进烟草生产。

图11　热带草原发展项目: 研究区域分区

资料来源：热带草原发展项目总体规划。

（6）发展畜禽产业。

（7）发展生产蔬菜和其他高附加值作物的灌溉设施。

（8）培育"先进农民"，让他们成为农民协会/合作社的核心。

（9）发展公司农场，促进合同农业。

（10）有效利用休耕地和现存的农业DUAT区域。

（11）发展与整个国家和马拉维联结的农产品物流。

（12）发展农业生产和加工的支撑产业。

区域带VI——发展新的农产品价值链

（1）主要作物推广。玉米用以满足区域内部需求和加工；大豆生产用于加工（食用油和动物饲料）及出口。

（2）利用凉爽的气候优势，促进蔬菜、扁豆和马铃薯生产。

（3）发展小规模玉米加工厂。

（4）发展中型到大型的农业加工产业。

（5）促进烟草生产。

（6）发展畜禽产业。

（7）在利欣加修复失效的灌溉设施，以促进蔬菜、扁豆、马铃薯和其他高附加值作物的生产。

（8）培养"先进农民"，让他们成为农民协会/合作社的核心。

（9）发展公司农场，促进合同农业。

（10）发展与库安巴、班巴和马拉维联结的农产品物流。

（11）对新开垦的农耕地协调管理，给予足够的社会环境考量。

（12）修复和发展农村道路网络。

整体规划的内容

整体规划包含32个项目，根据活动特点和预期产出，可分为两类：平台项目和集群发展的试验示范项目。两类项目中的重要项目的选择，是以它们对促成热带草原发展项目计划初期阶段（2014~2020年）的每个区域带达到发展目标的重要性为标准。对试验项目来说，那些依赖于私人投资者参与的项目也被看作重要项目。

平台项目

目标是为驱动农业和农业综合产业生产及促进私人投资创造合适的环境。这些项目大多是在整个区域带实施的，包括以促进某一个区域内特色价值链为目标的一些商品生产项目。这些项目的特征以及巴西农科院的作用将会在后文详述。

集群发展的试验示范项目

将会引导集群发展，基本由私人部门来实施。虽然本类项目只能在某一个区域带实施，但可以被推广到区域带之外，其目的是希望这些项目的经验可以被吸收和再复制。

农业发展集群

热带草原发展项目整体规划的过渡版本（2013年3月）对农业发展集群定

义如下。

发展集群是指在某一具体区域内部加速发展的战略方法。这些战略的核心是，与缺乏综合和具体行动的情况相比，能够在较短的时间内，通过建立具有协同潜力且适合特定区域的一个或多个价值链以取得发展效果。所有与核心价值链连接的生产者、公司和机构都是集群的组成部分，如生产投入的供给者、机械和专门的基础设施供给者，或各竞争实体。它们包括销售渠道，消费者、互补产品的生产者以及相关部门的公司。它们也可能包括政府机构、大学、培训和商业中心（ProSavana,2013）。

以分区为基础，生产集群是纳卡拉走廊政治、社会尤其是经济发展的基础。它们中的每一个都包括多个不同的农业供应商、产业和服务公司，从国内公司、外国公司到莫桑比克小农场主，都会在集群中相互协作，共同努力。除了内部协作外，这些集群之间也会产生协同作用。

根据整体规划图的过渡版本(ProSavana, 2013)，这些集群被推荐在从社会环境角度来看极为脆弱的区域发展，以家庭为单位生产基本粮食产品，并使很多农户参与生产高附加值的产品如蔬菜和畜禽，成为可能。

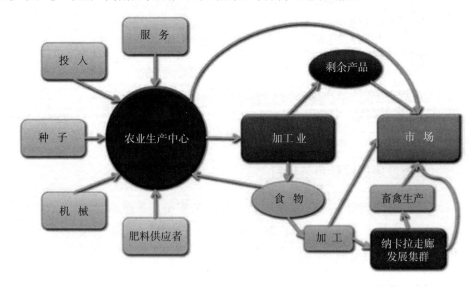

图12　发展集群的概念

资料来源：热带草原发展项目总体规划。

下面所示的七大发展集群作为热带草原发展项目的首批活动之一，推荐在当前版本的整体规划图中。

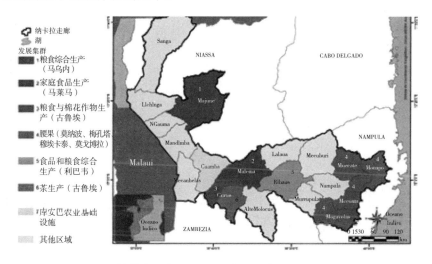

图13　热带草原发展项目:纳卡拉走廊发展集群

七大集群中每个集群的主要特征在表2中进行了描述。

表2　被推荐的农业发展集群

集　群	主要生产类别	建议初始地点	可能包含的内容
粮食综合生产	商业化生产	区域带Ⅵ（马乌内）向区域带Ⅴ扩展（恩加乌马）	大豆、玉米、向日葵、象草、畜牧
家庭食品生产	家庭化生产	区域带Ⅲ马莱马	玉米、木薯、棉花、蔬菜和花生
粮食与棉花作物生产	中型到大型商业化生产	区域带Ⅴ利奥马平原（利奥马管理站、古鲁埃）	大豆、玉米、棉花和畜牧
腰果	中型商业化和家庭化生产	区域带Ⅰ和Ⅱ莫纳波、莫戈博拉、梅孔塔、穆埃卡泰	腰果、玉米、豆子、木薯、花生、芝麻、蔬菜和桉树
食品和粮食综合生产	所有类型	区域带Ⅲ利巴韦	大豆、玉米、棉花、种子、蔬菜和畜牧
茶	中型商业化和家庭化生产	区域带Ⅳ古鲁埃	茶
农业基础设施	非农业活动	区域带Ⅴ库安巴	基础设施、物流、投入和服务

资料来源: ProSavana-PD。

集群1 粮食综合生产

其目标是向当地经济提供粮食种植和加工，尤其是与私人投资的养鸡业相关的大豆、玉米和向日葵。在一开始，整个集群经营的管理由一个公司负责，从投入到产业加工采用垂直化管理。根据目前版本的整体规划，本集群首先在社会环境较不脆弱的尼亚萨省的马乌内区开始，然后再有限度地向区域带Ⅰ、区域带Ⅴ和区域带Ⅵ复制推广。

集群2 家庭食品生产

其目标是培训和加强以生产食品和经济作物为主的家庭农场。产业规划中有木薯及玉米、花生和棉花的产业用途种植，1000名农民将会参与由莫桑比克农业研究所和区经济活动服务部门（SDAE）提供的推广活动，费用来自公共投资。木薯加工厂将由私人出资建设。

最初这个集群被推荐在楠普拉省的马莱马区建设，因为本区大部分是社会和经济脆弱性低的地区，而且发展灌溉农业的水资源和土壤环境也不错。如果玉米加工可以替代木薯加工的话，本集群的经验可以被推广到所有的区域带。

集群3 粮食与棉花作物生产

集群内不同活动的目标是为了吸引公共和私人投资来改进当地的基础设施。公共部门的参与主要采用合作和提供税收优惠等方式。

本集群被推荐建立在赞比西省的古鲁埃区。报告指出，本地区有巨大的环境脆弱性，它本身的特点及处于纳卡拉走廊的地理位置为其与第5组和第7组产业集群综合发展提供了契机。

集群4 腰果生产

本集群的目标是用增加公共和私人投资来扩大规模，提高腰果产量，增加产品附加值等方式构建腰果产业链。可持续生产链的设计，必须要改进生产技术，加强以参与式方法为基础的经济支持组织。本项目另外一个目标就是鼓励不同农作物之间的混合间种，本区域的50%的土地要用于粮食作物生产。

原则上来说，本集群的推荐区是楠普拉省的莫纳波、莫戈博拉、梅孔塔和穆埃卡泰区。本地区很多农户目前都种植腰果。另外，因为本地区靠近楠普拉市和纳卡拉港口，所以也具备很好的物流优势。

集群5　综合食品和粮食生产

本集群将与产业公司和家庭农场主合作，鼓励创建小农场主协会，以构建种子和食品生产产业链。种子生产将会是本集群的核心内容，目的是达到整体规划中提到的高产目标。在项目初始阶段，种子生产将由单一公司参与，与农户签订合同将农户整合进来。大豆、棉花、向日葵（由公司种植）、玉米、豇豆、花生和芝麻（由家庭农场种植）将会是主要作物。除了生产外，公司还要负责购买生产所需要的机械及其他投入。

最初，本集群在区域带Ⅲ实施，也就是楠普拉的利巴韦地区，也可以在区域带Ⅰ、Ⅱ、Ⅴ和Ⅵ发展。这里有很好的基础设施可以确保产品运到楠普拉和库安巴的消费市场，允许种子在整个纳卡拉走廊销售。

集群6　茶

本集群将会建在古鲁埃（与本区所在省同名），因为这是该国唯一的茶产业所在地。古鲁埃茶是莫桑比克的著名品牌，近85%的产出要出口到国外。鉴于在区域带Ⅳ生产其他作物的农业用地很有限，茶产业对当地经济发展起到非常重要的作用。为复兴茶产业，超过70年树龄的茶树将会被从马拉维引进的茶树品种所取代。

此外，由古鲁埃茶生产者协会提议的综合生产计划将得到推广。由于在茶业干燥过程中需要消耗大量木材，且当地可用柴火有限，本项目还要实施一整套的重新造林计划。

集群7　库安巴农业基础设施

本项目的目标是发展必需的农业基础设施，包括以农业发展和农商产品为重点的服务和分销设施。为达到此目的，本项目将会设立向私人部门提供税收优惠的经济特区来吸引私人投资。

本集群将落地在处于V区域带的尼亚萨省的库安巴区。本地区战略上处于纳卡拉走廊的核心地带,当前基础设施落后。本集群也会在区域带I、II、III和VI设立,期待在经济特区建立后,将会有很多私人农业综合产业和提供机械、生产投入和服务的供应商参与进来,在库安巴建立公司。政府也预计会在本区域建立一些公共基础设施。

试点项目实施的当前阶段

热带草原发展项目发展倡议基金(PDIF)于2012年9月发起设立,最初资本额为75万美元,以资助第一阶段的私人企业活动。资金来源于莫桑比克农业部从日本政府获得的食品支持基金(肯尼迪回合)。

2012年9月和10月开始对外招标,共收到农商公司提交的14份标书,并在同年10月与11月选中其中5份。自此,这些公司就通过与家庭农场签订合同,开展玉米、大豆、扁豆和向日葵的种植,并进行种子繁殖。这5家公司名单如表3所示。

表3 热带草原发展项目发展倡议基金首批入选的5家公司

公 司	区 域	产 品	价值(1000莫币)
罗扎尼农场	上莫洛奎	种子(大豆和玉米)、大豆、蔬菜	2500
伊库鲁	莫纳波、莫戈博拉	莫纳波的向日葵和莫戈博拉的花生	2860
沃鲁外拉	穆卢普拉、莫戈博拉	玉米、花生和葵花子	2800
马斯阿利亚	利巴韦	大豆和番茄	1640
桑托斯农业可乐	梅孔塔	番茄、洋葱、大蒜、卷心菜和胡萝卜	1680

资料来源:热带草原发展项目总体规划。

快速见效项目(QIPs)

从整体规划的优先项目中,选择出快速见效项目。快速见效项目是指那些能够在短时间内产生可见结果的项目,能够提高产量和增加项目参与者的收入。快速见效项目的选择标准如表4所示。

表4 快速见效项目的项目选择标准

1	短期内产生可见、有吸引力的影响（1~6年）
2	项目实施简单（不需要长时间的准备工作，执行简单快速）
3	项目实施发展目标的影响水平与区域发展战略一致
4	项目实施发展目标的影响水平与集群发展战略一致
5	具备在纳卡拉走廊发展农业和农业商业化生产的巨大潜力
6	具备项目实施所需要的融资条件（尤其是私人投资）
7	小规模农场主参与的程度（尤其对私人投资）

资料来源：热带草原发展项目总体规划。

希望这些项目能够吸引资助方为在纳卡拉走廊的整体规划中设计的项目带来资金。而且，它们也会为在选定地点内建立农业发展集群做准备工作。

与公共部门的项目相比，由私人部门承担的快速见效项目可以根据每个公司的商务计划来制订和实施，因此更具自主性。然而，因为这些项目大都希望能够参与热带草原发展项目的融资计划，以获得最初的投资成本，所以热带草原发展项目执行机构应该与农商公司和政府部门一起来协调项目活动的制订，以确保它们达到获得融资的条件和要求。

表5 快速见效项目——公共部门

	项目名称	地点	区域带
1	中小型农场土地注册（DUATs）	库安巴区的莫普拉查（Meplacha）和马可若巴（Macoropa）	V
		利欣加区的锡箔尼拉（Chimbonila）	V
		古鲁埃区的宁图洛（Nintulo）	IV
		曼丁巴区的卢勒欧（Luelele）	V
2	为提供商业化服务而改善道路	古鲁埃区和恩加乌马区	V

续表

	项目名称	地点	区域带
3	区域内推广优质种子生产	楠普拉东北部的莫桑比克农业研究所的中心 主要种子生产者的土地	III V VI
4	推广小型水泵灌溉区域内的蔬菜生产	莫纳波、梅孔塔、利巴韦或马莱马、曼丁巴	I / II / III / V
5	重栽腰果树	梅孔塔、莫纳波、穆埃卡泰和楠普拉	I / II
6	为大中型投资保留区域规划	利巴韦区的拉帕拉（Iapala）	III
7	家庭食品生产示范项目	马莱马区	III
8	农业经济特区发展项目	库安巴区	V

资料来源：热带草原发展项目总体规划。

执行快速影响项目的地区和潜在收益群体将会根据区域带和集群的发展战略确定，同时也要咨询相关地区代表和省政府代表。

已经在进行或规划中的农商公司的投资，也可以成为本项目的候选人。通过访谈农商公司的代表和审核前面提及的2012年10月前提交的投标建议书，几个项目被认定为有潜力在短期内取得效果。如有相应资金支持，这些项目可在短期内开展。

表6　快速见效项目——私人部门

	项目名称	地点	区域带
1	扩展畜禽养殖	利欣加	VI
2	大豆订单生产	利欣加	VI
3	木薯加工厂的建设以及在家庭农户中推广木薯等其他作物的订单生产	利奥马（或马莱马区、古鲁埃和库安巴）	III / V
4	大豆订单生产	利奥马、古鲁埃区	V
5	种子订单生产	利巴韦区、米库布里	III / I
6	茶业复兴项目：推广茶业订单生产	古鲁埃区	IV
7	在家庭农户中推广各类作物的订单生产	梅孔塔区、利巴韦区	I / III
8	畜禽饲料和面粉生产产业的建设	库安巴区	V

资料来源：热带草原发展项目总体规划。

快速见效项目的社会和环境影响

根据整体规划中期报告(ProSavana, 2013)，关于快速见效项目的社会和环境影响的进一步考虑将会在整体规划的最终版本中展示。16个投标项目并未仔细定义其受益人、项目地点和规模。鉴于此，在目前对其影响做出评估是不可能的。在这一阶段，16个项目中有6个需要完整的环境影响研究或简单的影响报告。

报告以公共部门项目6"为大中型投资保留区域的规划"为例，其范围仅包括对目标区域的研究、界定和规划，而可能需要的针对土地征用和非自愿迁移行为并未被包括在内。然而，报告强调更详细的项目规划需要将该类行动包括进行。

项目中出现的"可利用土地"一词并不一定是指这些就是无人土地，无人拥有使用或占有权，而是指与其他土地相比，这些土地更易被用作投资项目地。当地人对土地、林地、水和其他自然资源的权利并没有被忽视。而且，在快速见效项目中，因为政府机构间协调不足，在官方DUAT土地注册中存在重复和其他错误的案例屡见不鲜。

报告还强调了计划使用综合生产模式的快速见效项目将会对属于项目受益者的家庭农场主采用公平的标准，此外他们可以互助担保，以免出现与合同不相符合的情况。

报告还说明，16个项目中的6个，其执行可能存在导致非自愿迁移情况的潜在风险。尽管存在这些不确定性，整体规划的最终版本应该展示对这些安置行动执行的参考条款，以供公共机构和私人公司遵守。这些条款在报告中也有标示，应该符合莫桑比克法律，其主要要求为：

- 确保涉及非自愿迁移的民众和家庭参与，认可相应组织及其领导的正当性；
- 准备一份以提高受影响民众生活水平为主要目标的安置计划；
- 确保那些受影响的民众就与生活状况有关的损失得到有效赔偿；
- 确保在选定地点的迁移和安置过程中提供帮助；
- 确保要至少维持当前的生活水平（收入、生产、获得服务），并力求提高这些标准。

第三部分——改善农业推广

整体规划的第三个内容是建立能够适应各种生产规模的包容性农业发展模式，支持农民和他们的组织，并通过农业推广服务提高生产率。同时也要对那些由公司和农民团体主导的具有高社会收益的商业模式进行示范和传播。

ProSavana与巴西农科院在莫桑比克的作用

巴西农科院通过巴西农科院—巴西合作署（Embrapa-ABC）莫桑比克项目，在多个方面参与热带草原发展项目计划，旨在"将巴西技术与本地具体条件相结合，促进莫桑比克农业研究所的机构发展和加强对其技术人员的培训，以增强所在非洲国家农牧部门的生产能力"。（巴西农科院, 未注明日期）

除了热带草原发展项目第一阶段的研究,本项目由涵盖莫桑比克两个主要农业领域的子项目构成。

平台项目

支持莫桑比克农业研究和技术创新的技术合作项目（PIAIT），其目标是通过以下手段来增强莫桑比克农业与牧业研究体系：

- 加强莫桑比克农业研究所的机构能力建设；
- 增强本国种子生产体系；
- 建立农业区域管理体系；
- 建立技术转移的沟通和信息体系；
- 建立农牧业研究的管理、追踪、监测和评估体系。

本项目为巴西、美国和莫桑比克的三边合作项目，它的协调机构为巴西合作署、美国国际发展署（USAID）。其执行机构为巴西农科院和莫桑比克农业部。巴西农科院这样陈述本项目的成果：

- 修改农牧研究战略计划；
- 中心区整体规划的准备和确认；
- 为种子生产和销售建立了政策指导；

- 激活物质设备方面的基础设施;
- 为莫桑比克农科院培训人力资源;
- 为准备、编辑和执行种子部门的操作手册、规范和标准提供支持;
- 对农业生产的自然资源潜力进行分析和绘图,标注适合一年生和多年生作物以及育种经营最合适的区域。

ProAlimentos

巴西、美国和莫桑比克共同参与的为莫桑比克营养和食品安全提供技术支持的项目,其目标是加强莫桑比克地区的蔬菜生产技术能力。预期成果包括:

- 向莫桑比克农科院推荐技术、产品和加工方法;
- 增强蔬菜生产体系;
- 收获后农业食品体系建设;
- 培训莫桑比克推广技术员和研究人员,并颁发资质证书;
- 加强莫桑比克农科院的研究能力。

为实现以上成果,项目将培训在马普托和加扎省工作的农科院的农业推广人员,以及在莫安巴和博阿内地区的小农业生产者家庭。

第四章 非洲食物购买项目（PAA Africa）

    PAA Arica的全称为"非洲食物购买项目"（Purchase from Africans for Africa），是从非洲国家的家庭农场里购买食物来提供给当地学校的一个项目。[①]它由主要出资方巴西领导，与向生产者提供技术援助的联合国粮农组织、负责食品采购的联合国世界粮食计划署（WFP）以及为项目贡献学习材料的英国国际发展部（DFID）都有合作。该项目的灵感来自巴西食物购买项目（Programa de Aquisiçãode Alimentos，PAA，英文为Program for Food Acquisition）的经验。

    巴西食物购买项目是"零饥饿项目"的一项倡议，根据正式定义，其目标是在食品短缺的情况下，以支持家庭农场的方式，使公众获得食物，促进农村社会经济发展。该项目有利于国家层面的战略性食品储备建设；还能保障制度化的食品市场供给，以确保政府为各种原因而采购食品；该项目也为家庭农场主大量储存他们自己的农产品，等待更公平的价格再出售创造了条件。

    本项目鼓励民众在不需要竞标的情况下，直接按照本地区市场价格从家庭农场主手里购买食品。这些食品将会交付给由各类社会救助网络实体管理的食品倡议行动，如低成本餐馆、社区食堂和食物银行等，也会送给那些处于社会脆弱性之中的家庭。另外，这些食品也会用于准备"食品篮子"以分发给特定的人群。

---

① Taken from Nathalie Beghin, INESC/CONSEA. Notes from Sharing Tools of Knowledge Purchase from Africans for Africa – PAA África,Dakar, Senegal, April 2013.

巴西食物购买项目的资金来源于社会发展与反饥饿部以及农业发展部，其行动纲领由社会发展与反饥饿部负责协调的管理小组制定，该小组还包括其他5个部委，有5种执行模式，由国家供给公司（CONAB）、州政府和市政府共同合作执行。农场主如果想参与本项目，必须先注册参加"国家强化家庭农耕项目"（National Program to Strengthen Family Farming）。2012年，巴西通过巴西食物购买项目所购买的食品总花费达5.97亿巴西里亚尔，将近3亿美元，大约有12.9万名农户参与（CONAB，2013）。

与此相似的另外一个重要的联邦政府行动倡议是"全国学校供餐计划"

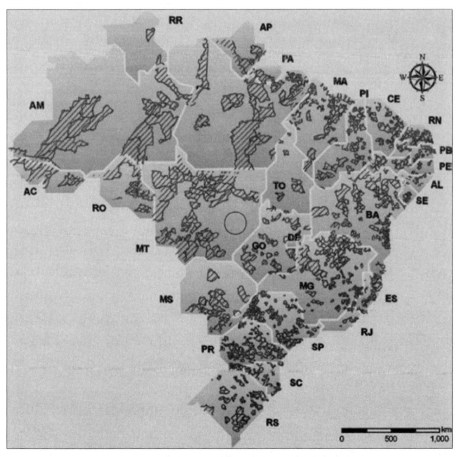

图14　2012年得到巴西食物购买项目援助的城市

资料来源：CONAB, 2013。

（PNAE）。该计划确保国家教育发展基金（FNDE）提供的用于学校供餐资金的至少30%要消费在从家庭农场和农村家庭生产者购买产品上，且因土地改革造成的迁移人员，本土和马龙（maroon）社区要优先考虑。国家教育发展基金将资金转移支付给执行机构（州、市以及联邦地区）。2012年，该计划的总预算为33亿巴西里亚尔，也就是说，有9.9亿巴西里亚尔用于直接购买家庭农场的产品。

非洲食物购买的第一阶段开始于2013年，撒哈拉以南沙漠地区的5个国家被选入该项目，这5个国家分别为：埃塞俄比亚、马拉维、莫桑比克、尼日尔和塞内加尔。这些国家除了严重的营养不良和饥饿问题外，在其他一些方面还存有共性。

● 该项目都还没有被吸纳到这些国家的政府的制度框架当中，只被看作由联合国粮农组织开展的合作和人道主义援助项目。这些国家的政府没有更多自主执行项目的资金来源。

● 这些国家的农民生活困苦，也没有生产和销售所必需的基本资源，如种子、化肥、农耕工具、电、水、信贷技术援助或储藏和交通基础设施等。

● 总体来说，学校也缺乏必要的基础设施。孩子们的食物条件极差，小零食是由当地社区的妇女在极为简陋的条件下准备的。由于缺少储藏、基础设施（没有电、水和厨房）和上餐（桌子、椅子和餐具）等条件，学校供餐只包括定量的添加维生素和矿物质的谷物类食品。

● 几乎没有社会参与。家庭农场主是非洲食物购买项目唯一的获益群体。公民社会组织，在没有被禁止参与的情况下，几乎都是由这些国家的政府指派。

2013年4月在塞内加尔的达喀尔举行的一次会议上，受益国政府对项目的影响进行了一次评估，评估结果强调了几方面的正面影响：家庭农场主的产量得到提高，生产得到多元化，销售盈余状况改善，农民的社会组织性加强，学校供餐状况得到改善。

在同一会议上，国家食品与营养安全委员会(CONSEA)与全国农民联合会（UNAC）强调了公民社会积极参与的重要性，包括生产者组织，它们应该积极参与项目的决策过程，发出自己的声音，不应该只是作为受益者参与。国家食品与营养安全委员会(CONSEA)尤其强调了项目在以下几个方面需要改进。

- 用新鲜食品替代由联合国粮农组织分发的有添加剂和事先准备好的食品（添加维生素和矿物质的面粉做成的面糊或蛋糕）。

- 改变以过分使用化肥和杀虫剂为基础的农业实践模式。采用可持续的食品生产和消费实践来确保生产和消费的多元化，尊重农业生态和社会生物多样性原则，发展农业森林系统，确保学生饮食健康。

从这个意义上来说，通过热带草原发展项目实施大规模的单一作物种植就成为一个很严重的障碍。

通过对在巴西热带草原地区实行的这种模式的观察，我们发现单一作物种植，占用大量土地，而且造成水和土壤污染等问题，以致地区内的家庭食物生产不再可行。在这些地区，当地人需要的食物90%都需要从别处购买。而且，在这样的条件下，像巴西食物购买项目和全国学校供餐计划这样对食物质量高要求的项目就难以开展。

第五章　ProSavana与巴西的农业综合产业利益

在莫桑比克，土地虽然属于国家所有，但外国人可以通过许可制度获得土地的使用权。只要每年缴纳37.50莫币/公顷（2.9巴西雷亚尔/公顷）的税，就可以获得50年的特许使用权，且可延长50年。这一点加上一些其他因素对巴西的农业综合产业而言非常有吸引力，正如马托格罗索农业生产者协会（AMPA）主席卡洛斯·厄尼斯托·奥古斯丁所说："莫桑比克就像是位于非洲中部的马托格罗索州（巴西地名），拥有免费的土地，没有太多环境限制而且向中国运输的成本相对廉价。今天，在马托格罗索，除了土地非常昂贵之外，也不可能获得清空一片土地的许可证。"

巴西农科院国际关系部部长弗朗西斯科·巴斯里奥补充说："在本地区，只有一半的土地上有小农场主居住，另一半是无人居住区，20世纪80年代的马托格罗索和巴伊亚的西部地区就是这样的。"[①]

基于这些原因，热带草原发展项目计划得到了相关农业综合产业代表的密切关注。在巴西、日本和莫桑比克都举办了各类活动对该项目进行推广说明。譬如，希沙瓦等人提到的2011年在圣保罗举行的题为"莫桑比克的农业综合产业：巴西—日本的国际合作与投资机遇"（Chichava et al.，2013）的研讨会就是一个例子。巴西合作署署长马克·法拉尼与前农业部部长瓦格纳·罗斯都参加了此次会议。巴西农牧联合会（CNA）主席、参议员卡迪·埃布鲁，以及优等农业综合产业委员会（COSAG）主席也在会上做了题为"巴西农业综合产业的国际化"的发言。优等农业综合产业委员会隶属于圣保罗州

---

① 　Patrícia Campos Mello. Mozambique Offers Land for Brazilian Soybeans. http://www1.folha.uol.com.br/fsp/mercado/me1408201102.htm.

工业联合会（FIESP），主要负责农业综合产业的管理。来自莫桑比克政府、日本海外协力机构和世界银行的代表，以及巴西和日本（三菱公司）的企业界人士都做了发言。

最早的农场主和公司

在这些事件之后，100多名巴西的农场主来到莫桑比克参观，他们大多来自于马托格罗索州。2010年，巴西农牧联合会主席、参议员卡迪·埃布鲁也参观了莫桑比克。据莫桑比克官方介绍，尽管目前还没有承诺的投资，但巴西的投资者已经开始与莫桑比克和葡萄牙合作，如近来开始计划在赞比西省的古鲁埃区种植大豆、棉花和玉米的莫桑农业公司（Agromoz）就是一个例子。

2011年9月，应莫桑比克农业部部长何塞·帕西克的邀请，最早的40位农场主将会在马托格罗索农业生产者协会（AMPA）的组织下，离开马托格罗索到达莫桑比克。何塞·帕西克说："巴西农场主积累了我们非常需要的宝贵经验，我们需要在莫桑比克重复他们30年前在巴西热带草原地区所做的事情，这些农场主所需具备的最主要条件就是他们愿意投资莫桑比克土地，而且要雇用90%的莫桑比克劳工。"[1]

2012年4月，一组商人和政府代表也参观了楠普拉省和尼亚萨省，并在马普托进行了讨论。当时参加者共有55人，19位来自日本，16位来自巴西，还有20位莫桑比克人。他们分别代表8家大型贸易公司，1家日本工程公司，1家巴西的工厂，以及巴西公共部门和农村土地所有者。

2012年，巴西一家拥有大面积粮食种植的SLC公司，宣布打算在莫桑比克种植大豆，并在2015~2016年收获季开始商业化规模生产。然而，2013年2月，该公司因相信在巴西还有很大的发展潜力，宣布放弃其在国外扩张的计划。[2]

[1] 莫桑比克希望巴西农场主到本国生产。Agência EFE. Mozambique Wants Brazilian Farmers Producing in the Country). http://revistagloborural.globo.com/Revista/Common/0,,EMI257494−18077,00−MOCAMBIQUE+QUER+AGRICULTORES+BRASILEIROS+PRODUZINDO+NO+PAIS.html.

[2] SLC Agrícola Confirms Growth Plans. http://www.mzweb.com.br/SLCAgricola2009/web/conteudo_pt.asp?idioma=0&tipo=31013&conta=28&id=168382.

第六章　警惕的莫桑比克农民

在2012年10月发布的一项声明中，全国农民联合会（UNAC）对热带草原发展项目计划的基础及其缺乏透明和广泛参与的规划过程表达了强烈关注，认为该项目并没有将农民协会及代表莫桑比克公民社会的其他组织包含在内。关于巴西农业综合产业在莫桑比克的投资，联合会指出："我们谴责大规模的专门从事农商业的巴西农场主来到莫桑比克，雇用莫桑比克农民，把他们变为农村工人的做法。"①

从整体来看，相关文件中对该项目的担心主要有以下几个方面：

● 为给大规模单一作物项目开发让出空间，造成非自愿移民和掠夺农民土地的情况；

● 项目需使用几百万公顷土地，尽管这些土地在现实中并非空闲而是有农民在轮作耕作；

● 土地征用和移民定居过程可能会导致莫桑比克失地社区的出现；

● 农村社区的贫困加剧和生存替代机会的减少；

● 杀虫剂和化肥的使用会导致水资源污染和土壤衰竭；

● 需大规模砍伐林地以供农业综合产业项目使用，从而导致生态失衡。

---

① UNAC Statement on the ProSavana Program. http://www.unac.org.mz/index.php/7–blog/39–pronunciamento–da–unac–sobre–o–programa–prosavana.

第七章　巴西热带草原（喜拉多）的农业模式

　　自20世纪70年代以来，巴西就开始在广泛利用技术和资本，以及低廉的土地价格和有利的机械化条件下实践各种热带草原开发项目。很快，巴西热带草原地区就在国内农业生产中占据了重要地位。这些项目以巴西东部州米纳斯吉拉斯为辐射状逐渐向外扩散，迄今已经扩散到包括生物群落地带的其他州(Ribeiro, 2002)。其中，热带草原开发项目（Polocentro）和日本—巴西稀树草原开发合作项目（Prodecer）被看作本地区最重要的项目。

　　巴西农科院的成立同样重要。巴西农科院创办于1973年，其目标是依靠创造与传播技术来提高农业部门的生产率，增加出口盈余(Oliveira, 2000)。1975年，该公司设立大豆（Embrapa Soybeans）和稀树草原（Embrapa Cerrados）两个分公司，直接从事适应热带气候的种子开发工作，将其生产扩展到中西部、北部和东北部地区。

　　在增长极点观念的指导下，1975年设立热带草原农业开发项目，在具备较好基础设施和农业潜力的米纳斯吉拉斯（Minas Gerais）、戈亚斯（Goiás）、马托格罗索（Mato Grosso）和南马托格罗索（Mato Grosso do Sul）4个州选择了12个热带草原区。这12个区得到投资资金以改进基础设施，而希望在这些区域从事作物种植的农户可以参与条件极为优惠的补贴贷款项目，投资资金的25%用于农牧业研究、技术援助、仓储、交通运输和农村电气化。用这种方式，该项目在5年内将300万公顷的稀树草原区转化为农田、牧场和林区，对本地区生物群系的农业产生了巨大影响 (Fleury, 2007)。

　　另外一个仅次于技术开发的重要因素就是农业贷款。政府部门的贷款都用来购买现代化的投入物资，增加了农业部门对投入物资生产的依赖。国家提供了激励和补贴，增加了对农工部门产品的需求。在这一时期，大农场被认为比小农场更适合现代化，因此获得了贷款优先的待遇 (Oliveira, 2000)。

国家的行动使这些部门获益，地区的资本化也带来了土地和生产结构的变化，如某些农产品的专业化生产，重视粮食和集约化的畜禽生产，以及临时工人占主导地位的工作关系的变化。

尽管热带草原开发项目曾经决定将开发土地的60%用于作物种植，但土地的利用明显趋向于畜禽生产，作物多样化非常有限且集中于大豆生产。另外，尽管土地扩展规模很大，但劳动力并未相应增加。相反，劳动人数与耕种土地面积之间的比例还降低了。

从土地结构的角度来看，小农场数量减少，进而导致小农场主数量加速减少。大豆、咖啡和小麦等作物的引进以及基础设施建设导致土地价格上涨。从这个意义上来讲，这些项目的实施固化了项目地区土地和收入分配不均的结构性条件，并没有为占有农村土地和造成农民迁移等问题提供根本解决办法 (Oliveira, 2000)。

1979年开始，热带草原开发项目开始走下坡路，有学者指出这与巴西和日本政府加速落实日本—巴西稀树草原开发合作项目（Prodecer）有关。

第八章　日本—巴西稀树草原开发合作项目

在我们分析的本阶段开展的各种各样的热带草原作物和畜禽生产项目当中，日本—巴西稀树草原开发合作项目（Prodecer）因其独特的特征，被认为是为巴西本地区农业高新技术生产模式的制度化做出最大贡献的项目。

日本是一个高度依赖农产品进口的国家，平均90%的大豆需要进口，大豆主要用作圈养动物的饲料。20世纪70年代初，因为长期干旱，美国政府——全球最大的大豆生产国和出口国，决定限制大豆出口，来满足本国市场的供应，这不仅导致大豆短缺，更造成了国际市场大豆价格的快速增长。从那时起，日本政府就决定加大投资来增加全球对该产品的供应，为国际市场大豆价格的稳定做出贡献。日本的策略很简单，在巴西的其他产品方面也可以体现出来，如北部地区的铝。日本依靠提供贷款，刺激国际市场增加日本国内所需求产品的供应，从而使产品的国际价格下跌。

就日本—巴西稀树草原开发合作项目而言，巴西政府主要的兴趣在于，外国资本的进入可以为其国际收支平衡做出贡献。而且，巴西也希望扩大粮食生产和出口，获得外汇。

要进行粮食生产，仅仅依靠日本的资本是不够的，还要有相关技术合作，以克服当时在本地区进行大规模粮食生产的技术限制。因此，本项目的目标是建立能够满足国际市场供应的生产区域，作为一种对产品供应的管制，最终迫使价格下降，而其重点关注的作物是大豆。项目在两国公共资本和私人资本的参与下得以开展。

因诺森瑟尔（Inocêncio，2010）指出,除热带草原开发项目，巴西还曾经实施过奥托巴拉纳坝引导土地转让项目（PADAP）与热带草原综合信贷项目（PCI），因此已具备基本的基础设施，从而可减少准备土地所需的投资成本。生产运输体系则由巴西州一级政府负责。随后几年，依靠日本的融资，巴西国内联合运输网络体系也得到改善。但是，在最初阶段，所有的投资基金都集中在粮食生产上，尤其是大豆，也包括高粱和玉米。

1978年，由日本控股的日本—巴西农业开发合作公司（JADECO）在东京成立。同年10月，由巴西控股的巴西农业综合产业参股公司(BRASAGRO)成立，总部在贝洛哈里桑塔（Belo Horizonte，MG）。1978年11月，由日本—巴西农业开发合作公司投资49%，巴西农业综合产业参股公司投资51%成立的农业推广公司（CAMPO）来协调项目的实施。①

在这种结构框架下，日本政府可以在多个层面上直接介入日本—巴西稀树草原开发合作项目（Prodecer），如区域选择、贷款许可、生产活动监测和绩效评估等方面。和前面所述的那些项目一样，本项目也采用负责人利用指导性贷款，选择租地农场主建立农业中心的模式来运行。

日本—巴西稀树草原开发合作项目（Prodercer）还会选择项目区域和租地农场主，一般会在巴西的南部和东南部地区；组织农业生产（作物类型和技术的使用）；通过激励措施鼓励生产者建立合作社（通常与其他大的合作社捆绑，如以前的科蒂亚）；组织销售以及向联邦和州政府游说项目需要的基础设施，如交通、能源和通信设施等(Oliveira, 2000)。

关于在东部和东南部地区优先选择有经验的农场主的做法，泽贝洛（Ribeiro，2005）指出："热带草原的租地农场主不是来自东北部地区的移民，也不是来自南部的小农户或失地农民，而是一方面根据他们自身从事农业开发积累的企业经营能力，另一方面根据他们所具有的为稀树草原地区农业发展而开发的技术的潜力来加以选择的一批农场主。"

日本—巴西稀树草原开发合作项目的发展经历了三个不同阶段。第一阶段(Prodecer I)于1980年开始启动，通过在米纳斯吉拉斯州（Minas Gerais）的科罗曼德尔市（Coromandel）、埃拉德米纳斯（Iraí de Minas）市和帕拉卡图市（Paracatu）的安置项目和公私资本混合的公司来实施，项目占地面积7万

---

① http://tempuscomunicacao.com/campo/proceder/.

公顷。第二阶段（Prodecer Ⅱ）被再分为两个小阶段，即试验阶段和扩展阶段。1985年开始在米纳斯吉拉斯（Minas Gerais）、戈亚斯（Goias）、马托格罗索（Mato Grosso）、南马托格罗索和巴伊亚实施，项目占地面积20万公顷。第三阶段（Prodecer Ⅲ）于1993年开始，在马拉尼昂州（Maranhão）和托坎廷斯州（Tocantins）实施，每个项目占地面积均为4万公顷。

所有这些公共项目和政策将巴西发展成为世界上最大的粮食和肉类食品生产国。就大豆生产来说，热带草原地区对巴西大豆生产总量的贡献度不断提高。

表7　热带草原地区对巴西大豆生产的贡献：1970~2002年

年份	产量（千吨）		热带草原地区所占比例（％）
	巴西	热带草原	
1970	1509	20	1.4
1975	9893	434	4.4
1980	15156	2200	14.5
1985	18278	6630	36.3
1990	19850	6677	35.2
1995	25934	12586	48.5
2000	31644	15670	49.5
2002	82628	52038	63.0

资料来源：Bickel, 2004。

本项目的一个典型特征就是项目活动缺乏透明度。由于在项目谈判的大部分时期，巴西正处于军事独裁统治，其存续和战略制定方面都没有与社会部门协商。

从日本方面来看，加强国际市场大豆供应的重大目标得以实现。而且，项目也成为日本合作方学习热带草原科学知识的一个工具和途径。从巴西方面来看，项目带来外汇，可以在农业综合产业发展有潜力的地区进行投资（Oliveira, 2000）。

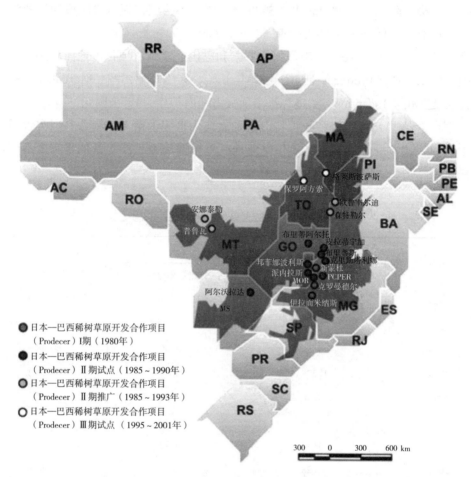

图15　日本—巴西稀树草原开发合作项目（Prodecer）第一阶段、第二阶段和第三阶段

资料来源：巴西，日本国际协力机构（MAPA/JICA），2002和巴西地理统计局（IBGE），2008。

第九章 同时期巴西与日本合作开发的其他项目

经历供应危机和国际市场上价格快速上涨的产品不仅是大豆和其他粮食作物。1973年和1978年的两次全球性的石油危机，也给日本带来了问题，其生产需要大量能源。通过日本国际协力机构，日本也将以与日本—巴西稀树草原开发合作项目一样的方式扩展其在巴西其他产品生产上的投资，确保其他商品在国际市场上价格降低，同时满足它的工业供应。正如日本国际协力机构所述，在这些项目中，重点是纸浆、钢铁和铝业（JICA，2009）。

1.巴西—日本纸浆公司 (CENIBRA)

在20世纪60年代早期，随着日本对纸的需求增加，日本面临造纸业原材料供应不稳定的问题。日本开始尝试将巴西的桉树当作一个可能的稳定长期供应造纸原材料的来源。因此，巴西淡水河谷公司和其他几个日本公司发起了一个合作项目，在1973年创立了巴西日本纸浆公司。该公司生产的纸浆白，质量高，成本低，具有很强的国际竞争力。

2.巴西铝业（Albras）和巴西北方铝业公司（Alunorte，氧化铝生产商）：来自亚马孙的铝

1967年，在亚马孙河上游发现了一个巨大的铝矾土矿藏，巴西向日本提出请求就矿藏的开采、加工和出口进行合作。对日本来说，这正好符合其确保稳定的原材料供应和供应来源多样化的利益。这样，日本就与淡水河谷公

司共同创立了铝提炼Albras公司和铝生产Alunorte公司。目前日本进口铝的10%都来自Albras。而且，在两个公司附近，还建立了维拉多康德港口（the Port of Vila do Conde），可供4万吨的货轮在此停靠，该港口的建设是由日本官方援助的补偿贷款资助的。2010年，淡水河谷公司将其部分业务出售给了挪威水电公司。

3.巴西第二大钢企（USIMINAS）

库比契克内阁的工业化计划为全国钢厂的建设提供了契机，要在5年内将巴西的钢产量增加一倍，这就需要日本的技术和金融合作。对日本来说，也有以下几方面的期待：日本的钢铁业能够向国外扩张；增加出口；加强与巴西的关系。最终，巴西日本钢铁公司USIMINAS于1962年成立，承载着巴西与日本在金融、技术和设备等领域的合作。

第十章　日本国际协力机构

早在日本—巴西稀树草原开发合作项目结束之前，巴西与日本的合作已进入了一个新的时期，并旨在将类似的活动推广到其他国家。日本国际协力机构（JICA）于1974年成立，是日本负责官方发展援助（ODA）的政府机构，目前，日本的ODA涉及150多个国家。该机构负责三种形式的国际援助。

（1）技术合作。派遣专家、资助设备、在日本提供培训。同时也运行与伙伴国的科研机构间的合作研究项目。

（2）ODA贷款。自1981年开始日本以优惠的利率与巴西进行金融合作。已经进行的项目包括港口基础设施、交通、灌溉、水电、下水道等。

（3）无偿金融合作。在环境、农业、基础设施与健康领域。

与巴西合作的优先领域

结合巴西政府的需求，日本国际协力机构确定了以下合作领域。（JICA，2011）

（1）环境领域，涵盖应对气候变化的措施以及城市环境区域规划。日本国际协力机构的报告中指出，它在以下几个方面较为活跃：①通过生态系统的保护以及自然资源的持续利用来应对环境变化，比如亚马孙森林的保护、生物燃料的生产等；②应对城市环境问题，比如由于交通拥堵造成的空气污染以及水污染。

（2）社会发展领域，涵盖降低不平等程度。根据日本国际协力机构的自述，它已经在半干旱的喜拉多和嘎顶咖（Caatinga）地区开展农业发展合作项目，以降低当地不平等的程度，也帮助巴西改善城市中心的安全与卫生状况。

（3）促进三方合作的领域。日本国际协力机构也声明，通过日本与巴西所拥有的资源与技术为其他发展中国家提供援助，继而促进三方合作。巴西和日本的此类合作始于1985年，刚开始主要对拉丁美洲、非洲的机构能力建设提供支持，最近也在亚洲国家开始实施。同年，两国还启动了"为了第三国的培训项目"（TCTP），项目在南美洲国家、非洲葡语国家和东帝汶开展，资助花费由日本和巴西共同承担（ABC，JICA，2010）。

第十一章　日本—巴西合作伙伴项目

2000年，日本、巴西两个国家签订了日本—巴西合作伙伴项目（JBPP），旨在促进三方合作，重点合作方为拉丁美洲、非洲葡萄牙语国家，优先关注领域包括气候变化、传染病、粮食安全、公共安全等。山巴西合作署和日本国际协力机构的代表组成该项目的计划委员会，每年共同讨论并形成具体的项目计划。2007年，安哥拉作为第一个国家承接实施此类项目。目前当地还在执行两个项目，即增强安哥拉卫生体系项目（ProFORSA），以及安哥拉土木建筑(civil construction)领域的职业培训项目。

正在进行的巴西—日本合作伙伴研究

甘蔗乙醇

该合作研究正在进行当中，它的目的是整合相关技术以从甘蔗不能吃的部分中提取乙醇，包括甘蔗渣、干叶子等。巴西的参与者来自里约热内卢、圣卡塔琳娜的联邦大学。日方的参与者则是国家高级工业技术院下的生物质研究中心（Biomass Research Center of the National Institute of Advanced Industrial Science and Technology）。

抗旱转基因大豆

在获取抗旱品种的研究中，大豆处于一个非常重要的位置，尤其因为它是该国生产的主要粮食作物，预计在2012/2013年度的收获可超过8000万吨（CONAB，2012）。该研究于1990年开始进行，由来自巴拉那州隆德里纳

（Londrina, Parana）的巴西农科院大豆分公司发起。最开始研究的是常规品种，但是很快就转向20世纪90年代末受到大量关注的转基因技术研究。该研究在2003年有了决定性的转折，即上述巴西的研究机构与日本政府下的研究公司——日本农业科学国际研究中心（JIRCAS）建立了合作伙伴关系。

20世纪90年代末，日本一方注册了称为Dreb（即脱水应答因子结合蛋白）的基因，该基因对蛋白进行编码，激发植株内部对失水的自然抗性。除了南方各州，巴伊亚和马托格罗索也应该在推广的目标区域中，以让当地农民在2016年能够种植这种更抗旱的大豆。为了推广这项技术的应用，巴西农科院大豆分公司于2010年同意与日本国际协力机构进行合作。合作的目标是测试Dreb基因以及其他可能激发植株对干旱和热度产生抗性的基因。巴西也加入了大豆DNA测序的第二阶段工作，研究者在这个阶段尝试甄别粮食作物生长中每个基因的功能。[1]

Dreb基因不只是在巴西大豆生产中进行测试。2007年末，棉花、甘蔗、玉米和其他豆类作物也都纳入与日本农业科学国际研究中心合作的伙伴计划中。对豆类的研究显得极为重要，因为它是巴西人营养食谱的主要组成部分，同时巴西又是全球最大的豆类生产地。据预测，2012/2013年度巴西豆类产量将达到330万吨。研究者尝试对豆类中的其他三种基因进行分析，了解其对缺水的抗性水平。诸如巴伊亚南部、米纳斯吉拉斯北部、戈亚斯、圣保罗以及马托格罗索的这些区域，都是选择抗旱的豆类品种进行种植的目标区域。

---

[1] Mariana Caetano. Less Thirsty Grains. Globo Rural, 3/15/10. http://revistagloborural.globo.com/GloboRural/0,6993,EEC1709230-2454,00.html.

第十二章　农业综合企业生产链

　　像大豆和玉米那样，以人规模单一种植的方式进行农业生产并不仅仅吸引了大规模农场主。从事农业机械、设备及其他农业投入生产的大型跨国公司同样存在于这些作物的生产链条中，并且获得了农业生产中的绝人部分收益。

　　大豆生产链中主要的公司是四个大型跨国公司，分别是邦吉、嘉吉、阿丹米（ADM）（三个都是美国公司）、路易达孚（法国公司）。它们从农民手中购得谷物，再进行销售。总量上，它们购买了巴西生产的将近2/3的大豆。2010年，邦吉、嘉吉和阿丹米承担了几乎60%的巴西大豆出口。国内企业在该部门只占较低的市场份额，并集中在3家最大的公司：Amaggi, Coamo和Caramuru。

　　而且，四大跨国公司基于豆油的生物燃料生产的市场份额还在增长。邦古和嘉吉是两个最大的生产商。它们在所有大豆出口国都有业务，而且还将成为新的生产地扩张的主要受益方。美国、巴西和阿根廷的大豆出口额占全球大豆出口额的90%。

　　不过，只有两个公司——索玛株式会社（Somar）和巴西特科白沃（Tecbio）生物燃料公司，应用巴西技术提供生物燃油生产的设备。其他两个国内公司则与外国厂商联合，由外国厂商提供相关技术：特尼尔公司（Tenial）与美国公司CIW合作、德蒂尼工业公司（Dedini）与法国德斯美特巴勒斯塔（Desmet Ballestra）公司合作。美国的康内曼公司（Conneman）、德国的鲁奇公司（Lurgi）以及澳大利亚的生物燃料国际公司（BDI）也是主要的合作者。

　　主要的农业机械生产商是美国的迪尔公司（John Deere），以及意大利的纽荷兰集团（Case New-Holland）。2012年1月，美国的跨国公司爱科集团（AGCO）公布其购买了巴西的Santal Equipamentors，这是一家为糖醇产业生产收割机和其他生产工具的制造商。爱科集团引领着巴西拖拉机市场，市场份额超过50%。在南美，该公司营业额大概达32亿巴西雷亚尔（约等于65.28亿元人民币）。

巴西的农业化学用品使用总量中，接近45%的比例应用于大豆种植，大约10%应用于甘蔗生产。近年来，巴西化肥工业经历了一个显著的合并过程，小的区域性的公司被兼并，失去市场份额或者直接退出市场。在农业化学品以及肥料生产领域最大的三家公司也是外企，即美国的班奇肥料公司、德国的拜尔公司以及巴斯夫公司。化肥领域的控制权被由三个跨国公司组成的寡头接管，它们是挪威的雅拉（Hydro/Yara）、荷兰的邦吉（Bunge/Fosfértil），以及美国的嘉吉/马赛克。这些公司总计占有90%的市场份额。在前十大公司里，只有两个来自巴西，即赫灵格尔（Heringer）以及乌特菲尔提（Ultrafértil）。

最大的六个农业化学品生产公司，即巴斯夫、拜尔、陶氏化学、都彭、孟山都和先正达，掌控着目前66%的全球市场。而在巴西，十个最大的公司则占据了2011/2012年度75%的农业化学品（农药）的国内销售。

跨国公司参与种子供给的情况也在增加。大豆生产中，美国公司孟山都和都彭，瑞士的先正达以及德国的巴斯夫控制着市场。巴西农科院保持着与孟山都和巴斯夫的伙伴关系。先正达为了巴西市场，专门于2010年注入1亿美元成立四个转基因甘蔗加工生产厂。孟山都的投资额度也在这个水平。另外，巴西农科院将400万巴西里亚尔的研究预算花3年的时间在5种作物间进行分配，这5种作物包括甘蔗、大豆、玉米、棉花和桉树。第一个转基因的甘蔗品种由巴西农科院于2011年发布，目前正在进行分析。政府部门担心跨国公司将垄断甘蔗种植市场，试图增加巴西农科院的预算，以扩展这一领域的研究。

1.纳卡拉走廊是农民的领土

最近在媒体发布的总体规划蓝图及细则将纳卡拉走廊描述为人烟稀少，同时有着大量可用的闲置土地，可以发展"现代"农业的区域。20世纪80年代，当稀树草原开发合作项目在巴西喜拉多（Cerrado）建立的时候，也出现并使用了同样的话语。事实上，今天的喜拉多是一片大规模单一作物的种植区域，集中丁出口生产，而且被有毒的农药所污染，基本不能住人。以前那个区域是传统人口包括农民、土著人和逃亡黑奴所居住的土地。技术分析认为，尼亚萨省与三个政府签约，是因为有着很低的人口密度，因而能够开发粗放的单一作物生产，比如大豆和玉米，以用于畜牧业。但是，居住在那里的农民表示，该省除了山区以外，所有的地方都有人居住，而且，农民大多数都集中在适宜大规模农业、林业和矿业投资的区域。楠普拉省和赞比西省属于该国人口最为稠密的地区。农民称，从纳卡拉走廊到楠普拉，几乎没有连续10公顷的土地是没有被占用的。

2.农民正面临着真实而迫在眉睫的风险，即被驱逐并丧失土地继而被安置

莫桑比克的土地问题反映出人们的主权惯例，在共和宪章的第109条，以及《莫桑比克土地法》所补充的10月1日的第19/97条，清楚地显示了使用土地的权利，土地是公共所有。《莫桑比克土地法》的第三款说明，土地是国家的财产，不能被售卖，或者以其他任何形式被处置、抵押或典当。尽管这些法律条文清晰地陈述了保护社区获得土地权利的需要，但在实践中这些条文的实行并不那么有效，导致私人投资者和当地社区之间因土地使用而产生的冲突时有发生，表现为这些社区失去获取土地的权利，以及失去土地权属

的风险。尽管政府部门的代表的声明中宣称热带草原发展项目并不会对土地法有任何改变，但是，该项目涉及在这个区域的大量私人投资，而该区域的土地是公共土地，基本没有社区有记录在案的文件，该区域的土地以极为优惠的条件基本是免费提供给投资者使用几十年，这些对农民都意味着真正的风险。虽然土地法强调社区在土地财产及土地使用方面的公共法律权利，但是，这些权利在过去的15年间却被制度化地剥夺了。

在太特省，类似的事件是有先例的。那里的社区是有土地文件的，但是当地居民还是因为巴西淡水河谷公司（Vale）开采煤矿而被迫离开了。除了土地法，种子和转基因的使用的立法也在经历着各种变化，以促进跨国公司进入相关部门。这方面的行动有些正通过"非洲食物及营养安全保障新联盟"（New Alliance for Food and Nutrition Security in Africa）而进行，该联盟是由8个最发达经济体发起的，莫桑比克也加入其中，并将它阐释到国内的政策层面，于2013年4月发布了"国家农业部门投资计划"（National Agricultural Sector Investment Plan）。

面对大量的关于土地情况将被如何处置的各种信息，社区充斥着对于安置和补偿的怀疑及恐惧。大量农村人口离开土地，流动到城市，这将是一个巨大的风险，有可能恶化国家的粮食不安全的状况，并降低流动农民的生活质量。

农村互助援助协会做的一项研究表明：在土地所有权保障方面，绝大多数农村人口的土地注册情况并没有记录在案。楠普拉省即将被热带草原发展项目所影响到的土地中有将近61%并没有记录在册。依据法规，负责该项目的各方机构也都知道，这并不意味着这些数量的土地可以提供给新的申请者。相反，它显示出既存的对绝大多数当地人口的土地所有权保障的巨大挑战。在一个国家，如果2300万人口中的将近70%生活在农村地区，76%的劳动力活跃在农业、畜牧业、渔业及狩猎业，可以想象，当大量的外国投资涌入他们未曾登记的土地时，这些人口将面临怎样的风险和影响。总的来说，当地社区是开放的，是愿意接受投资的。但是，当地层面上也存有巨大的担忧，即担忧由于没有正式记录土地注册情况，社区将被从这片土地转移到其他区域，这些土地将被腾出来给巴西和日本的农业综合产业。我们的访谈者常常提起煤矿开采的案例中移民安置的例子，以此表达他们对这里可能发生类似情况的担心^①。

3.热带草原发展项目的准备阶段并没有征询农民的意见

在整个纳卡拉走廊区域，农民们保存着以他们的家庭、个人和社区为基础的食物生产系统。他们发展着自己的生活方式、文化传统。他们的历史和社会、文化和经济经历在政府部门的研究和文本中完全被忽略。在那些官方文本中，大约有450万名农民是隐形的。他们的生活方式、权利、需要和建议都不在考虑范围。最新的总体规划的版本提出了一个技术诊断，好像纳卡拉走廊就是一个需要依赖外部计划来占有的区域，其后才有必要与农民沟通。

农民和代表他们的组织有着精确和具体的需求及建议，为了增强其生产系统，采取了一些具体的措施。这些措施包括：信贷、产品商业化的市场渠道、能够保证农产品在公平价格下获得收购的保障措施、产品储藏设施、获得电力的渠道、提高生产的技术援助、获得教育与培训的渠道；同时，工作目标是与农民而不是外来者一起工作，支持并加强由社区创建的实体，诸如小农户协会，并与他们建立合作伙伴的工作关系，支持农民所希望的土地合法化。这些措施与其他很多措施一起，应该形成"支持家庭农业的国家计划"，农民争取这个计划已经有20年的时间。^②

我们理解征询意见需要一个过程，这个过程中农民群体应该是主要的参与者，他们有着基本的权利，只有那样，他们才能成为为他们的疆域所设计的项目的主要受益者。因此，应该在开发各种项目建议书的过程中听取这些群体及其组织的意见，并将这些人员的经历和建议作为合约的前提条件。征询意见并不是直接到社区告诉他们ProSavana即将开始，或是提供模糊的、误导的、相互矛盾的信息。

出于上述原因，巴西社会组织与运动感觉到第四个维度，即社会参与和农民咨询应该纳入ProSavana项目，同时，全程的时间表、计划、方法论应该调整以适应这个新的维度。他们还建议进行第二项研究，就像GV Agro所制定的文本

① Sustainability and Peaceful Coexistence in the Use and Exploitation of Land in Mozambique—An Outline of ProSavana, ORAM, August 2012, Maputo.
② 见所附的公开信，由莫桑比克农民组织及其运动所准备。

那样，目的是征询农民的意见，使得农民的生活方式、生产系统、需求与建议能够与食物文化相关，并能促进他们的食品安全，使得主权可见。

4.喜拉多的稀树草原开发合作项目经验是政策文本及研究的参考

正如官方宣称的，Prosavana将促使莫桑比克北部产生非常积极的变化，这些变化与食物生产相关，稀树草原开发合作项目案例也采纳了相似的话语。稀树草原开发合作项目被展示成利于食物生产的一场革命，但在现实中并不会发生，且会导致食品不安全，以及从其他地区购买食物的需求。

5.家庭和农民的农业与农业综合产业的互动在农民社区呈现出风险

目前的总体规划版本将纳卡拉走廊的土地分为两类：一类用于粗放单一种植项目，并由大型公司负责；另一类则通过整合小生产者和公司进行耕种。该行动旨在将目前的轮作生产方式改变为固定的农业，并将小规模生产者转型为中等规模的生产者同时将他们纳入商业链。热带草原发展项目的第三个部分，即"推广项目及发展模式"（Extension Project and Development Models），由巴西农政发展部（Ministry of Agrarian Development）所协调，它的目标是为小规模生产者提供技术援助。巴西发展署认为该部分是保持家庭农业需求与商业利益之间平衡的途径。但是，如果想达到这个目的，必须先对提供给巴西家庭农业的技术援助经验进行预先的评估。最常见的质疑之一是，这是对产品的援助，而不是针对生产系统的，因而并不能为以增强家庭和农民为基础的生产做出贡献，并不能作为好的模式提供给莫桑比克。

纵向一体化的生产模式符合一体化的公司的兴趣，却并不能满足其中的农民的需求。相反，是农民承担着基础设施的成本，以及收获损耗和价格下降所带来的不可预见损失。例如，在巴西的肉鸡生产的案例中，农民与一体化企业所签订的合同禁止他们将产品卖给其他公司。农民并不知道他们可获得的净收益，而被动地使用一体化公司所提供的饲料、疫苗和兽药。而且，他们得不到价格的保障以及收购剩余产品的保障。

玉米生产的案例引起了直接的关注，因为玉米是莫桑比克的主粮。很有必要抵制热带草原发展项目所带来的风险，即建立一个玉米生产体系，让其与大豆轮作，以提供动物饲料。用作动物饲料的玉米并不是莫桑比克农民所知道并生产的玉米，而是为动物饲料所开发的转基因品种，口感并不好——Lucas do Rio Verde地区的家庭农民这样告诉我们。

开发这些区域的策略集中于目前总体规划的文本中所提及的活动之一：激励农民领头人推动组成生产者协会和合作社。这似乎在重申稀树草原开发合作项目的原则：与根据个人的企业经营能力以及实施项目活动的潜力所选出来的农民一起工作。稀树草原开发合作项目案例中，经由南部区所选出来的农民接受技术援助，并得到优惠利率的资金支持以及其他收益。那么莫桑比克的案例中谁将被"选"出来？其他人又将发生什么事呢？

6.仅仅从环保主义者的视角来看待的环境问题

现行总体规划文本列出了保护区以及其他受到法律保护的区域，根据这些规定，原则上国家设为保护区的公园附近都尽量要避免实施任何项目。没有任何文字提及砍伐森林以形成耕地而造成的影响，地下水位的下降，河流的污染，使用有毒农药造成的健康问题，温室气体排放或者其他单一种植导致的问题。目前的研究尚未纳入环境正义的视角。代表着这个区域农民的组织和行动都担忧水资源以及其他资源将被私有化。

7.Prosavana意图对商业和大型企业的多种利益进行回应

现行总体规划文本陈述非常清晰，即热带草原发展项目表达了各种商业利益方的兴趣综合，公共部门及其合作将发挥创建及启动的作用参与这个项目，而私人部门将参与项目的经济—商业活动。外国公司的利益被认为与那些莫桑比克的农业综合产业政治精英是一致的。国际电信能源集团（Intelec Holdings）便是一个例证，该公司致力于大豆生产，莫桑比克的总统在该公司占有股份，这一事实于2012年9月正式发布。几个企业的并购使得莫桑农业公司（Agromoz）卓有起色，股东包括葡萄牙的埃默里科•阿莫林（Americo

Amorim）、毕内索（Pinesso，巴西最大的大豆生产商之一）以及国际电信能源集团。正如本篇报告所述，巴西农业综合产业参股公司有着在纳卡拉走廊的土地上扩展他们的业务的巨大兴趣。

结构化的利益在莫桑比克"非洲食物与营养安全新联盟"（Nova Aliança para aSegurança Alimentar e Nutricional em África）的项目中有确切的体现，该项目是国家农业部门投资计划（PNISA）的内容。在莫桑比克执行该项目的主要援助机构是世界银行（WB）、世界粮食计划署（WFP）、日本国际协力机构（JICA）、美国国际开发署（USAID），以及跨国公司，如嘉吉、伊藤忠商事株式会社（Itochu）、先正达（Syngenta）、孟山都、雅拉（Yara）、非洲腰果公司、竞争力非洲棉花公司、Corvuns国际公司、爱科集团（AGCO）、日本生物燃油公司、沃达丰、SABMiller等。①

"新联盟"项目修改法律司法的框架，以促进农业综合产业跨国公司土地征用更灵活，并能在国家肥料和种子政策中引入变化。因此，"新联盟"为热带草原发展项目建议的农业模式实施创建了最优条件。

8.Prosavana呈现出巴西将其国内的矛盾和冲突通过合作与投资进行"出口"

这篇文章期望能展现国家层面实施的发展模式、其所代表的支配性的力量，与巴西合作与投资的种种行动之间的关系，以揭示巴西是在通过合作与投资出口它的内部冲突。引导巴西国际合作的种种利益都交织着冲突，主要是因为巴西保护家庭及农民农业的实践活动的机构反对这种巴西国际合作与投资的模式。

热带草原发展项目是讨论巴西外交政策与合作的象征性案例。通过这个项目，巴西正在输出其国内大规模农业与家庭农业之间的矛盾；一方面，大规模农业拥有基于粗放单一种植的生产体系，土地产权集中，应用有毒的农药，雇用的劳动力较少，专注于出口生产；另一方面，家庭农业是单个农民的生

---

① 原文为SAMBMiller，疑为SABMiller，是世界上最大的啤酒公司之一，在伦敦和约翰内斯堡股票市场分别上市，总部设在英国伦敦。——译者注

产，是基于农业生态之上的粮食生产体系。经过巴西历史的种种演变，农村社会运动赢得了支持他们的家庭与农民生产体系的权利，这些支持是通过在制度化市场上购买他们的农产品实现的，主要通过"购买家庭农业食品项目"（Program to Purchase Family Agriculture Food）以及"全国学校用餐项目"（National School Meal Program）进行。认真努力进行合作的目标初衷是将巴西的成功经验进行适应性转化后，在非洲实行"购买家庭农业食品项目"。

9.Prosavana显示出合作不能与巴西公司的国际化投资和贸易促进行动脱节

> "所有的大国都有国际贸易机构。我们将为非洲和拉丁美洲建立一个国际贸易机构。它是一个合作机构，同时也是一个贸易机构。它是一个让投资可行的机构。简而言之，该机构有着广阔的涵盖范围"。
> ——狄尔玛·罗瑟夫总统，2013年5月，于埃塞俄比亚亚的斯亚贝巴①

尽管叙事所构建的巴西的南南合作和投资是在团结的、平等的动机下分享和交流增强自力更生的知识，且合作项目的内容应该契合受益者的需求，但是，热带草原发展项目的案例揭示了这些华丽陈词与实际发生的情况相隔甚远。这些花言巧语本身就值得质疑。第一，如果巴西对外合作直接或间接地来自需求，那么就不需要任何对外合作指南和战略，也不需要任何协调，就可以随机自然开展。第二，合作是在回应谁的需求呢？热带草原发展项目的案例中，是在回应莫桑比克的政府吗？如果是，那么莫桑比克确认需求的决策过程又是如何呢？农民的声音并没有被听见。从巴西这一方来看，可以说它不能在莫桑比克的内部决策过程中进行干预。但是，对巴西合作来说，最关键的需要回答的问题是：在巴西由谁决定要符合什么需求、怎样满足这些需求？换句话说，在决定巴西对热带草原发展项目计划内容的兴趣和观点的过程中，巴西有谁的声音被听见、被咨询？GV Agro被选择来准备总体规

---

① http://www.youtube.com/watch?v=d7tPg39k2XE 以及http://www.valor.com.br/brasil/3138674/em-visita-dilma-anuncianova-agencia-de-cooperacao-para-africa#ixzz2Uc6tUyrQ.

划，该机构代表了巴西社会某个部门的利益，它与巴西家庭与农民农业的利益是公开作对的。在决定巴西在热带草原发展项目中做什么的决策过程中，这个情况并没有被谈及。

10.巴西合作需要与社会讨论，外交政策需要变成公共政策

巴西合作日益增长的重要性是国际体系正在发生深刻变化中的一个部分。巴西在非洲的呈现是2003年发布的巴西外交政策最为重要的领域。因为这个原因，政府建立了所谓的非洲小组，由众议院（Civil House）协调。但是，至今所声称要提供给非洲的优先权并没有在行动上得到有效的整合协调，导致来自国家、私人以及商业等不同行动者的力量是分散的，而其中大型公司具有最大的优势以从这个声明中获得具体收益。在合作中，巴西并没有经社会讨论的指南和原则，在具体实施的项目中也没有征得多方一致意见。

事实上，关于选择怎样的策略路径以整体性地实施巴西对外合作，尤其是对非合作，并没有在巴西社会得到广泛的讨论。巴西将采纳把非洲作为今天的战略核心的帝国主义者的方式，以与传统势力国家以及所谓的新兴国家竞争空间，看看谁将最大限度地剥夺非洲大陆的自然资源吗？或者巴西将采纳真诚的合作与投资路径，通过赋权非洲人民加强他们的权利以促进非洲大陆的人类发展？如果巴西的外交政策回应其国家发展战略的情况是真实的，巴西就应该更多地讨论它的发展项目，将可持续性、民主、尊重人民权利，关注粮食安全以及主权，作为它的对外行动的指南。

正如它的整个外交政策，巴西合作与投资是以较为独立的方式进行决策的，在具体对外行动的案例中，并没有考虑到巴西社会既存的互相冲突的利益关系。ProSavana的案例揭示了，在巴西外交政策决策、合作与投资、社会控制，以及建立机制向受到巴西各种行动影响的民众进行咨询等过程中，迫切需要推进民主化进程。如果民主化进程顺利，巴西国际合作和投资的引导方向将真正是增强人权、社会与环境公正以及粮食安全与主权。

ABC e JICA. *Programa de Parceria Japão-Brasil 10 anos, Programa de Treinamento para Terceiros Países, 25 anos. Agência Brasileira de Cooperação do Ministério das Relações Exteriores e JICA, 2010. Disponível em http://www.jica. go.jp/brazil/portuguese/office/publications/pdf/jbpp10anos.pdf, acesso em 27/08/12.*

BANCO MUNDIAL E FAO. *Awakening Africa's Sleeping Giant. Prospects for Commercial Agriculture in the Guinea Savannah Zone and Beyond. Banco Mundial, 2009. Disponível em http://siteresources.worldbank.org/INTARD/Resources/ sleeping_giant.pdf, acesso em 13/05/13.*

CHICHAVA, S.; DURAN, J.; CABRAL, L.; SHANKLAND, A.; BUCKLEY, L.; TANG LIXIA; ZHANG YUE. *Chinese and Brazilian Cooperation with African Agriculture: The Case of Mozambique. FAC Working Paper 49.Future Agricultures Consortium, Brighton, 2013. Disponível em http://r4d.dfid.gov.uk/PDF/Outputs/ Futureagriculture/FAC_Working_Paper_049.pdf, acesso em 10/05/13.*

CONAB. *Acompanhamento de safra brasileira: grãos, segundo levantamento, safra 2012/2013,novebro de 2012. Companhia Nacional de Abastecimento. Brasília, 2012. Disponível em http://www.conab.gov.br/OlalaCMS/uploads/ arquivos/12_11_08_09_10_48_boletim_portugues_novembro_2012.pdf, acesso em 15/11/12.*

_____. *Programa de Aquisição de Alimentos – PAA. Resultado das ações da Conab em 2012. Sumário Executivo, 2013. Disponível em http://www.conab.gov.br/ OlalaCMS/uploads/arquivos/13_02_07_08_31_25_sumario_executivo_07_02_13. pdf, acesso em 26/02/13.*

EMBRAPA. *Moçambique. Apoio ao Sistema de Inovação no Setor Agropecuário. Disponível em http://hotsites.sct.embrapa.br/acessoainformacao/ acoes-e-programas/Cartilha%20Mocambique.pdf, acesso em 07/09/12.*

_____. *Projeto de melhoria da capacidade de pesquisa e de transferência de tecnologia para o desenvolvimento da Agricultura no corredor de Nacala em Moçambique. Resumo Executivo. Junho de 2011. Disponível em http://www.undp. org.br/Extranet/SAP%20FILES/MM/2011/14740/PROSAVANA-TEC%20-%20 RESUMO%20EXECUTIVO.pdf, acesso em 14/03/12.*

INOCÊNCIO, M. *As tramas do poder na territorialização do capital no Cerrado: o Prodecer. Programa de pós-graduação em Geografia da UFG. Goiânia, 2010. Disponível em http://www4.fct.unesp.br/thomaz/Posgrad-11/Tese%20 Prodecer.pdf, acesso em 03/09/12.*

IPEA. *Ponte sobre o Atlântico. Brasil e África Subsaariana: parceria Sul-Sul. Ipea, 2011. Disponível em http://www.ipea.gov.br/portal/images/stories/PDFs/ livros/livros/111222_livropontesobreoatlanticopor2.pdf, acesso em 02/03/12.*

JICA. *Estudo sobre Assistência Oficial do Japão para o Desenvolvimento destinado à República Federativa do Brasil. Rumo à construção de uma nova parceria.Agência de Cooperação Internacional do Japão (JICA). Março de 2003. Disponível em http://jica-ri.jica.go.jp/IFIC_and_JBICI-Studies/english/ publications/reports/study/country/pdf/bra_01.pdf, acesso em 27/08/12.*

_____ *Cooperação nipo-brasileira assume uma nova escala global. Iniciativas de apoio financeiro e tecnológico estreitam relacionamento entre os dois países. JICA, 2009. Disponível em http://www.jica.go.jp/brazil/portuguese/office/ publications/pdf/saopaulo.pdf, acesso em 03/09/12.*

_____. *JICA no Brasil. Atuando como Parceiro Global. JICA, março de 2011. Disponível em http://www.jica.go.jp/brazil/portuguese/office/publications/pdf/ jicanobrazil2011.pdf, acesso em 03/09/12.*

_____. *50 anos de cooperação Brasil-Japão, 1959-2009. JICA, 2009. Disponível em http://www.jica.go.jp/brazil/portuguese/office/publications/ pdf/50anos.pdf, acesso em 03/09/12.*

OLIVEIRA, R. *Programas agrícolas na ocupação do Cerrado. Sociedade e cultura, Vol. 3, Núm. 1-2, janeiro-dezembro, 2000.Universidade Federal de Goiás. Disponível em http://redalyc.uaemex.mx/src/inicio/ArtPdfRed.*

jsp?iCve=70312129007, acesso em 25/08/12.

PROSAVANA. Support of Agriculture Development Master Plan for Nacala Corridor in Mozambique. Informe nº 2, Projetos de impacto rápido, março de 2013. Disponível em www.grain.org/attachments/2747/download, acesso em 12/05/13.

_____. *Support of Agriculture Development Master Plan for Nacala Corridor in Mozambique. Informe nº 1, Cap.3, Present condition and issues of the agriculture in the study area. Indisponível na web.*

RIBEIRO, R. O Eldorado do Brasil central: história ambiental e convivência sustentável com o Cerrado. Em Ecología política. Naturaleza, sociedad y utopía, Héctor Alimonda (comp.). Buenos Aires: CLACSO, abril de 2002. Disponível em http://biblioteca.clacso.edu.ar/ar/libros/ecologia/ribeiro.pdf, acesso em 01/10/10.

RIBEIRO, R. Da 'largueza' ao 'cercamento': um balanço dos programas de desenvolvimento do Cerrado. In:ZHOURI, A.(org.). A insustentável leveza da política ambiental. Belo Horizonte, Ed. Autêntica, 2005.

VILLAS-BÔAS, J. Os investimentos brasileiros na África no governo Lula: um mapa. Meridiano 47 vol. 12, n. 128, nov.-dez. 2011 [p. 3 a 9]. Disponível em http://seer.bce.unb.br/index.php/MED/article/viewArticle/4242, acesso em 03/10/12.

紧急停止、积极反思热带草原发展项目的公开信

莫桑比克公民社会组织及运动致莫桑比克和巴西总统以及日本首相的公开信

尊敬的莫桑比克共和国总统阿曼多·格布扎（Armando Guebuza）
尊敬的巴西联邦共和国总统狄尔玛·罗瑟夫（Dilma Rouseff）
尊敬的日本首相安倍晋三（Shinzo Abe）

主题：
紧急停止、积极反思热带草原发展项目的公开信

尊敬的各位：

莫桑比克共和国政府与巴西联邦共和国以及日本合作，于2011年正式开展热带草原发展项目。该项目是三个政府以促进莫桑比克北部纳卡拉走廊的热带草原的农业发展为目标的三方合作。

热带草原发展项目的策划及实施战略是基于合理的反贫困的紧急需要，以及国家和人民促进我国经济、社会和文化发展的需要。或者至少，莫桑比克政府在辩护其对该项目的支持时，认为项目符合政府吸引对外直接投资（FDI）的政策，而大量的投资能用于矿产、石油天然气、单一栽培种植以及商业化的农业综合产业。

我们，来自纳卡拉走廊农村的农民和家庭、宗教组织以及莫桑比克公民社会，意识到与贫困抗争以及促进可持续和主权发展的迫切性，相信现在正是时候发出我们的声音，提出我们对热带草原发展项目的关注和建议。

热带草原发展项目已经通过其"快速见效项目"部分得到实施，但尚未进行过任何经公开讨论和认可的环境影响评估研究。而进行环境评估则是莫

桑比克法律对像热带草原发展项目这种成规模的项目的一个重要要求，一般被划分为类型A。

　　热带草原发展项目涵盖范围之深广与其相应法律的失败和完全缺乏深入、广泛、透明及民主的公众讨论形成鲜明的对照。这阻止了我们（小规模农民、家庭以及个人）行使合乎宪法的权利，包括知情权、咨询权、参与权以及就那些直接影响我们生活的社会、经济、环境相关的事项的知情同意权。

　　但是，自2012年9月以来，我们与莫桑比克社会各个部门广泛讨论并进行深度接触的会议。根据我们所能获得的最新文件，热带草原发展项目是一个莫桑比克、巴西和日本间合作的大型项目，将涵盖坐落在纳卡拉发展走廊地域的大约1450万公顷的土地，涉及尼亚萨省、楠普拉省以及赞比西省的19个地区，据说计划在热带草原发展大规模农业。

　　经过几轮在项目覆盖地区的社区层面与莫桑比克政府官员、巴西和日本的外交使团以及他们的国际合作机构［巴西合作署（ABC）和日本国际协力机构（JICA）］的讨论，我们发现在可获得的稀少信息与文件中有很多不一致和矛盾之处，而这正表明项目设计存在缺陷，所声称的公众咨询和参与中存在谬误，以及农村人口的土地被掠夺并被迫离开他们目前居住社区的紧迫威胁。

　　莫桑比克总统、巴西总统和日本首相，国际合作必须扎根于人民期盼建设一个更公正、更团结的世界的强烈愿望基础上。但是，热带草原发展项目并没有遵从这些原则；而那些驱动该项目的设计者并没有建议——更不用提亲自提供机会——以公开的方式讨论与我们国家农业发展相联系的实质问题。

　　阿曼多·格布扎总统，我们希望尊敬的您能记起，上百万莫桑比克的男人和女人牺牲他们的青春与殖民压迫斗争，争取人民自由。从那段艰难的时光开始，农民百姓脚踏土地自力更生，为莫桑比克民族国家生产食物，在战争的瓦砾中建设一个独立、公正、团结的社会，让每个人都能感觉到他们是这块自由之地的子民。

　　格布扎总统，超过85%的莫桑比克人口的生计依赖于家庭农业，其生产超过整个国家90%的食物。热带草原发展项目是一个为跨国公司进入我们国家而创建优惠条件的工具，将不可避免地剥夺农村家庭的自主权、扰乱小规模的粮食生产系统，可能导致无地家庭的出现并增加粮食不安全状况，而我们国家独立之后取得的巨大成将会因此遭到损失。

狄尔玛·罗瑟夫总统，莫桑比克人民和巴西人民的团结是在国家解放战争时期形成的，还经历了莫桑比克16年战争前后国家建设的考验。狄尔玛总统您也遭受了压迫，也是巴西军事独裁的牺牲者，您知道自由的代价。目前，巴西消费的2/3的粮食是农村人口生产的，并不是那些巴西政府极力通过ProSavana项目推崇到莫桑比克的公司所生产的。

狄尔玛·罗瑟夫总统，食物购买项目（Food Acquisition Programme）是我们莫桑比克农村人口支持并鼓励的，怎么能给出充分的理由说明为什么巴西政府没有给予该项目以优先权？与此相矛盾的是，所有的不同层面的财政、物资以及人力资源都分配给ProSavana所推动的农业综合产业开发。巴西、莫桑比克和日本之间的国际合作，原本是促进人们之间的团结，怎么就变成协助透明度低的商业交易、鼓动掠夺社区土地的工具了？这些社区土地可是我们常年用于为莫桑比克的百姓及其他人群生产食物的基石。

安倍晋三首相，日本通过JICA持续几十年对我们国家的农业和其他部门发展做出了贡献。我们拒绝接受目前日本政府与莫桑比克在农业部门的合作政策。日本企业不应只局限于在纳卡拉走廊投资大型基础设施以让农产品通过纳卡拉港口出口，且对ProSavana进行财力和人力支持；我们的理解是，他们应该集中支持小规模农业，这是唯一能够为莫桑比克人口生产出足够数量的所需粮食，同时又能促进可持续与包容性发展的农业生产模式。

尊敬的莫桑比克、巴西及日本的代表们，我们生活在一个大型财团和跨国公司在全球剥夺和控制自然资源而不断刺激需求增长的历史时期，他们将自然资源转化为商品，并声称能带来商业机会。尊敬的各位，基于所呈现的不容置疑的事实，我们莫桑比克的农村人民、纳卡拉走廊的农村社区的家庭、宗教组织以及公民社会，急切地公开指责并拒绝接受：

● 因为反对热带草原发展项目、为农业部门提供可持续发展的选择路径的社区和公民社会组织所受到的信息控制以及威胁恐吓；

● 巴西、日本、本地公司以及其他国家对当地社区土地的加紧掠夺；

● 热带草原发展项目基于出口单一作物（玉米、大豆、木薯、棉花、甘蔗等）而提高生产及生产率，其目标是将农村人口整合进由外来的跨国公司和多边金融机构所控制的生产过程，破坏家庭农作系统；

● 巴西农业发展模式的内在冲突也进口到莫桑比克。

基于上述已有的事实,我们作为莫桑比克的农村人民、纳卡拉走廊社区的家庭、宗教组织和公民社会,请求并要求尊敬的各位,莫桑比克总统、巴西总统和日本首相,作为您的人民的合法代表对此紧要干预,以尽快停止热带草原发展项目计划的干预进程,该项目将对农村农户产生不可逆转的负面影响,如:

● 土地征用和随之发生的安置过程将导致莫桑比克失地家庭和社区的出现;

● 纳卡拉走廊周边及更广泛区域内的社区经常发生动荡及社会环境冲突;

● 农村社区家庭更为严重和深刻的贫困,生计和生存的可选择路径减少;

● 农村家庭生产体系的解构导致的粮食不安全;

● 增长的腐败及利益冲突;

● 过度及无控制地使用农药、化肥以及其他有毒物质造成生态系统、土壤和水资源的污染;

● 大量地砍伐森林,为实施大型项目的农业综合产业开路,导致生态失衡。

因此,我们作为小规模生产的农民、纳卡拉走廊社区的家庭、宗教组织和国家公民社会共同签订这封公开信,公开表达我们对热带草原发展项目计划的设计及其在我们的土地和国家社区上实施方式的不满和愤慨。

我们倡导基于生产体系而不是基于产品的农业发展,也就是说,不能破坏家庭生产方式,因为该方式涵盖并超越了经济意义,它包括了占据地理空间的方式以及社会和人类文化的维度,而且已经在人类历史进程中证明是更可持续的。社会运动及组织将这封公开信递交给尊敬的各位,阿曼多·格布扎总统、狄尔玛·罗瑟夫总统、安倍晋三首相,作为政府和国家的领导,作为莫桑比克、巴西和日本人民的合法化代表,希望你们能:

● 采取所有必要的措施立即停止热带草原发展项目在纳卡拉走廊的热带草原所实施的所有活动和项目;

● 莫桑比克政府准备建立一个包容的民主机制,以形成莫桑比克官方与社会各部门的更广泛对话,尤其是与小规模农民、农村人民、走廊社区、宗教组织和公民社会,旨在发现他们在国家发展模式和框架中的真正需求、愿望和优先顺序;

● 所有分配给ProSavana项目的人力、物资和财政资源都重新分配,以支持界定和落实"支持可持续家庭农作（家庭体系）的国家计划"。整个莫桑比克共和国的农村家庭在过去二十多年里倡导寻求实施此计划，旨在支持和保障1600万以农业为主要生计活动的莫桑比克人的粮食主权；

● 莫桑比克政府优先考虑粮食主权、保护性农业以及农作生态，并以此作为减少饥饿、促进适当营养的唯一可持续路径；

● 莫桑比克政府采纳支持农业部门的政策，并集中支持小规模农业；这些政策的优先序可以考虑：农村信贷、农业推广服务、灌溉、对气候变化有抗性的本地种子增值、与增强生产能力相联系的农村基础设施，以及支持和促进农村生产商业化的政策。

最后，根据上述声明，我们，莫桑比克的小规模生产的农民、纳卡拉走廊的农村社区的家庭、宗教组织和公民社会，要求基于人民的真正利益和愿望基础之上的国家间合作，该合作应能为促进一个更为公正和有关怀的社会而服务。我们梦想一个更好的自力更生的莫桑比克，在这里，莫桑比克的男人和女人都能感觉到他们是这片土地的孩子，团结一心地努力建设国家，以确保国家的意志源于人民、存于人民。

媒体联系人：

杰里迈亚斯·菲利普·文佳尼（Jeremias Filipe Vunjanhe）：+258-823911238/
Email: jfvunjanhe@gmail.com

亚历山大·席瓦尔·东杜如（Alexandre Silva Dunduro）：+258-828686690
Email: dunduroalexandre@hotmail.com | adecru2007@gmail.com

A·穆茹瑞尔（A.Muagerere）：+258/)-82606426 / Fax:262863 | Email:
AMuagerene@scipnampula.org

签名的莫桑比克组织/社会运动：

1. Acção Académica para o Desenvolvimento das Comunidades Rurais (ADECRU) 农村社区发展学术动议

2. Associação de Apoio e Assistência Jurídica as Comunidades (AAAJC) –

Tete 社区法律援助支持协会—太特

3. Associação Nacional de Extensão Rural (AENA) 全国农业推广协会

4. Associação de Cooperação para o Desenvolvimento (ACOORD) 发展合作协会

5. AKILIZETHO – Nampula AKILIZETHO—楠普拉省

6. Caritas Diocesana de Lichinga – Niassa 利欣加教区明爱组织—尼亚萨省

7. Conselho Cristão de Moçambique (CCM) – Niassa 莫桑比克基督教会—尼亚萨省

8. ESTAMOS – Organização Comunitária ESTAMOS—社区组织

9. FACILIDADE-Nampula FACILIDAD—楠普拉省

10. Justiça Ambiental/Friends of The Earth Mozambique 环境正义/莫桑比克地球之友

11. Fórum Mulher 女性论坛

12. Fórum das Organizações Não Governamentais do Niassa (FONAGNI) 尼亚萨非政府组织论坛

13. Fórum Terra-Nampula 土地论坛—楠普拉省

14. Fórum das Organizações Não Governamentais de Gaza (FONG) 加沙地区的非政府组织论坛

15. Kulima 库利马

16. Liga Moçambicana de Direitos Humanos – LDH 莫桑比克人权联盟—LDH

17. Livaningo 利挽宁国（致力于减少农药使用等环保活动的组织）

18. Organização para Desenvolvimento Sustentável (OLIPA-ODES) 可持续发展组织

19. Organização Rural de Ajuda Mútua (ORAM)-Delegação de Nampula 农村互助援助协会—楠普拉省代表团

20. Organização Rural de Ajuda Mútua (ORAM)- Delegação de Lichinga-Niassa 农村互助援助协会—利欣加—尼亚萨代表团

21. Plataforma Provincial da Sociedade Civil de Nampula 楠普拉省民间社会平台

22. Rede de Organizações para o Ambiente e Desenvolvimento Sustentável (ROADS) – Niassa 环境与可持续发展网络组织—尼亚萨省

23. União Nacional de Camponeses – UNAC 全国农民联合会

签名的国际组织/社会运动

1. Amigos da Terra Brasil 巴西地球之友

2. Articulação Nacional de Agroecologia (ANA) – Brasil 全国农业联合—巴西

3. Associação Brasileira de ONGs (Abong) 巴西非政府组织协会

4. Association for the Taxation of Financial Transactions for the Aid of Citizens (ATTAC) – Japan 救助平民的金融业务征税联合会—日本

5. Africa Japan Forum (AJF) – Japan 非洲—日本论坛—日本

6. Alternative People's Linkage in Asia (APLA) – Japan 亚洲备选人员联系—日本

7. Association of Support for People in West Africa (SUPA) – Japan 支持西非人民协会—日本

8. Central Única dos Trabalhadores (CUT) – Brasil 中央工人联盟—巴西

9. Comissão Pastoral da Terra (CPT) – Brasil 牧民土地委员会—巴西

10. Comissão Pastoral da Terra – MT-Brasil 牧民土地委员会—巴西马托格罗索

11. Confederação Nacional de Trabalhadores de Agricultura (CONTAG) – Brasil 全国农业工人联合会—巴西

12. FASE – Solidariedade e Educação – Brasil社会及教育扶助机构联盟—巴西

13. Federação dos Trabalhadores da Agricultura Familiar (FETRAF) – Brasil 家庭农业工人联合会—巴西

14. Federação dos Estudantes de Agronomia do Brasil (FEAB) 巴西农学学生联合会

15. Fórum Mato-grossense de Meio Ambiente e Desenvolvimento (FORMAD) – Brasil 马托格罗索州环境与发展论坛—巴西

16. Fórum de Direitos Humanos e da Terra do Mato Grosso (FDHT-MT) –

Brasil 马托格罗索州土地与人权论坛—巴西

17. Fórum Brasileiro de Soberania e Segurança alimentar e Nutricional (FBSSAN) – Brasil 巴西粮食安全与营养及粮食主权论坛—巴西

18. Fórum Mudanças Climáticas e Justiça Social do Brasil 巴西气候变化及社会正义论坛

19. Fórum de Lutas de Cáceres – MT-Brasil 卡塞雷斯斗争论坛—巴西马托格罗索

20. Grain International 国际谷物

21. Grupo Pesquisador em Educação Ambiental, Comunicação e Arte (GPEA/UFMT) – Brasil 环境教育、传播与艺术研究组— 巴西

22. Grupo Raízes – Brasil 基层组织—巴西

23. Instituto Políticas Alternativas para o Cone Sul (PACS) – Brasil 南部地区备选政策研究所—巴西

24. Instituto Brasileiro de Análises Sociais e Económicas (Ibase) – Brasil

25. Instituto Caracol (iC) – Brasil

26. Instituto de Estudos Socioeconómicos do Brasil (Inesc) 巴西社会经济研究所

27. Japan International Volunteer Center (JVC) – Japan 日本国际志愿者中心—日本

28. Justiça Global-Brasil 全球正义　巴西

29. La Via Campesina – Região África 1 农民之路—非洲1区

30. Movimento dos Trabalhadores Rurais Sem Terra – Brasil 农村无地工人运动—巴西

31. Movimento Mundial pelas Florestas Tropicais (WRM) – Uruguai 世界雨林运动—乌拉圭

32. Movimento de Mulheres Camponesas (MMC) – Brasil 农家妇女运动—巴西

33. Movimentos dos Pequenos Agricultores (MPA) – Brasil 小规模农民运动—巴西

34. Mozambique Kaihatsu wo Kangaeru Shiminno Kai – Japan 莫桑比克市民发展运动—日本

35. Network for Rural-Urban Cooperation – Japan 城乡合作网络—日本

36. ODA-Net – ODA Reform Network – Japan 官方发展援助改革网络—日本

37. Rede Brasileira Pela Integração dos Povos (REBRIP) 巴西各族人民联合网

38. Rede Axé Dudu – Brasil 杜杜斧头网—巴西

39. Rede Mato-Grossense de Educação Ambiental (REMTEA) – Brasil 马托格索罗州环境教育网—巴西

40. Sociedade fé e vida – Brasil 信仰与社会生活—巴西

41. Vida Brasil 巴西信仰

42. Organização de Mulheres Indígenas TAKINÁ, Barra do Bugres 巴拉—杜布格里斯土著妇女组织TAKINÁ

43. Coperrede – Cooperativa Regional de Prestação de Serviços e Economia Solidária 医疗服务于社会经济区域合作

44. Escola Estadual Lucas Auxilio Toniazzo – Curso Técnico em Agroecologia 卢卡斯奥克斯利奥托尼亚左州立学校农业技术课程

45. Aproger – Associação dos Produtores Rurais da Gleba Entre Rios – Nova Ubiratã-MT 流域农民协会—马托格索罗州新乌比拉唐

46. Associação Renascer – Peixoto-MT 复兴协会—马托格索罗州佩绍图

47. MST – Movimento dos Trabalhadores/as Rurais Sem Terra – Sinop 农村失地工人运动—锡诺普

48. Adunemat – Associação dos docentes da Universidade Estadual de Mato Grosso 马托格索罗州立大学教师协会

49. CPT – Comissão Pastoral da Terra 牧民土地委员会

50. Escola Estadual Terra Nova – Curso Técnico de Agroecologia – MT 州立学校新的土地与农业生态技术课程—马托格索罗

51. Colônia Z 10 de Pescadores de Barra do Bugres 巴拉—杜布格里斯渔民的区域10

COOPERAÇÃO E INVESTIMENTOS DO BRASIL NA ÁFRICA

O CASO DO PROSAVANA EM MOÇAMBIQUE

Sumário

Este estudo integra o conjunto de ações desenvolvidas em parceria entre organizações e movimentos sociais de Moçambique e do Brasil, visando fortalecer em ambos os países as lutas por justiça, direitos, segurança e soberania alimentar, e incidir sobre a cooperação e investimentos brasileiros em Moçambique que afetam estas lutas. O estudo aqui apresentado analisa as motivações e as práticas da cooperação e investimentos do Brasil na África. Para tal, apresenta dados, informações e análises sobre a cooperação e investimentos do Brasil na África em agricultura. Toma como referência a parceria entre o Brasil e o Japão com o governo de Moçambique, com destaque para o ProSavana, particularmente no que diz respeito à implantação de um sistema de produção agrícola baseado no monocultivo de *commodities* como a soja, o milho e outras, inspirado no modelo hoje dominante no Cerrado brasileiro.

O estudo foi realizado pela FASE em consulta e parceira permanente com a UNAC (União Nacional de Camponeses) e a ORAM (Associação Rural de Ajuda Mútua), organizações que representam camponeses de Moçambique. A UNAC foi fundada em abril de 1987 com o objetivo de representar os camponeses e suas organizações para assegurar seus direitos sociais, económicos e culturais, através do fortalecimento das organizações camponesas, participação na definição de políticas públicas e estratégias de desenvolvimento, visando garantir a soberania alimentar. A ORAM, criada em 1992, é uma organização com forte caráter associativo de referência em questões de terra, recurso naturais, promovendo os direitos e interesses dos camponeses, contribuindo para o desenvolvimento associativo e comunitário, com vista a assegurar a posse e o uso sustentáveis dos recursos da terra pelas comunidades rurais, fortalecendo-as para que sejam atores principais no movimento rural, com capacidade de promover estratégias de desenvolvimento comunitário, posse e uso sustentáveis da terra e de recursos naturais. [1]

---

[1] ORAM (2009). Plano Estratégico: ORAM Maputo.

Em sua trajetória de 51 anos de atuação na sociedade brasileira, a FASE tem trabalhado junto com movimentos sociais que lutam pela terra, Justiça Ambiental, segurança e soberania alimentar tanto em nível nacional como nas diversas regiões onde tem atuação local: Pará, Mato Grosso, Pernambuco, Bahia, Espírito Santo e Rio de Janeiro. As dinâmicas locais e regionais onde a FASE está inserida são fortemente influenciadas por processos nacionais e internacionais, como é o caso das negociações agrícolas no comércio internacional: os interesses defendidos pelo Brasil nestas negociações têm uma relação direta com o modelo agrícola predominante no país, baseado em extensos monocultivos voltados para exportação. Este é o caso do Mato Grosso, marcado pela hegemonia do modelo agroexportador de commodities, de um lado, e pela resistência social e produtiva de agricultores familiares e camponeses, de outro. Este modelo agrícola adotado no Brasil se reflete na cooperação e investimentos internacionais do país, conforme será demonstrado neste estudo.

Política externa brasileira e a Cooperação Sul-Sul

Ao longo da última década a cooperação internacional para o desenvolvimento e os investimentos que a acompanham estão passando por profundas e aceleradas transformações. Expressando as mudanças na correlação de forças no sistema internacional que encontra-se em transição para uma configuração multipolar, a cooperação Sul-Sul tem ampliado seu papel na dinâmica da cooperação internacional. Países como o Brasil, China e Índia têm acionado seus mecanismos de cooperação e investimentos como parte da disputa por um novo equilíbrio de poder. A cooperação Sul-Sul tem se caracterizado pela sua dimensão econômica e política, como é o caso das iniciativas levadas a cabo no âmbito dos BRICS (Brasil, Rússia, Índia, China e África do Sul) e do Fórum de Diálogo Índia-Brasil-África do Sul (IBSA).

No Brasil, se intensifica o debate sobre o lugar da cooperação e dos investimentos internacionais como parte constitutiva de novas diretrizes da política externa do país. A maior parte dos projetos de cooperação desenvolvidos atualmente pelo Brasil concentra–se na América Latina e na África. Maior ênfase tem sido dada a países da África Subsaariana. Em 2010, a África foi o destino de quase 60% dos desembolsos da Agência Brasileira de Cooperação (ABC), que coordena os projetos de assistência internacional do país. Sinalizando a importância que a cooperação brasileira está adquirindo na África, em especial com iniciativas da magnitude do ProSavana, pela primeira vez a ABC alocou um Coordenador no Exterior em Moçambique. Foi criado um Grupo África, sob a coordenação da Casa Civil, visando coordenar as ações do governo no continente.

A cooperação e os investimentos do Brasil na África se dão sob diversas modalidades, envolvendo tanto o governo federal quanto empresas privadas, seja sob a forma de assistência técnica, investimento direto ou empréstimos

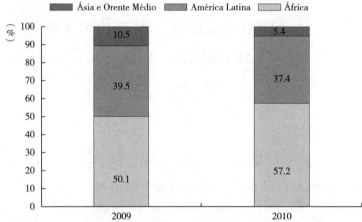

Investimentos brasileiros em projetos internationais de desenvolrimento, participação por continente,2009-10

Fonte: ABC 2009 e 2011.

Obs.: Os valores totais em 2009 e 2010 foram, respectivamente, US$ 2.012.682 e US$ 2.082.674 para a Ásia e o Oriente Médio; US$ 7.575.235 e US$ 14.437.785 para a América Latina e US$ 9.608.816 e US$ 22.049.368 para a África.

Cooperação internacional brasileira

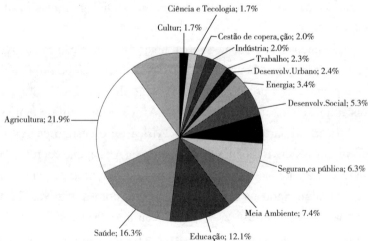

Cooperação técnica: distribuição dos recursos segundo áreas temáticas, 2003-2010

Extraído de Lídia Cabral – "Cooperação Brasil-África para o desenvolvimento: Caracterização, tendências e desafios, Textos Cindes Nº26, Dezembro de 2011.

governamentais. A cooperação é canalizada por meio de contribuições a instituições multilaterais e pela via de acordos trilaterais, bilaterais e regionais, abrangendo em especial as áreas técnica, financeira e humanitária.

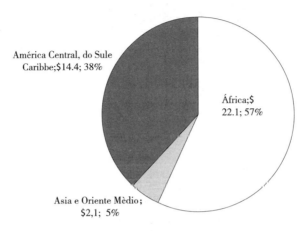

Cooperação técnica: distribuição geográfica da execução orçamental,
2010 (milhões de dólares)

Lídia Cabral, op. cit.

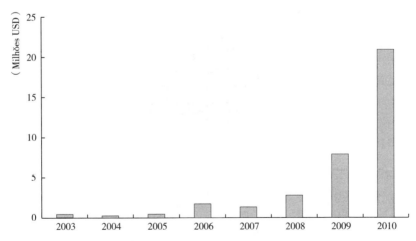

Cooperação técnica com África: execução do orçamento anual, 2003-2010

Lídia Cabral, op. cit.

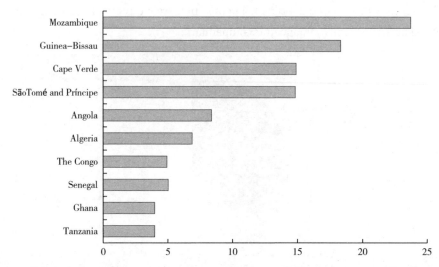

Cooperação técnica com África: principais parceiros segundo o número de projetos em execução

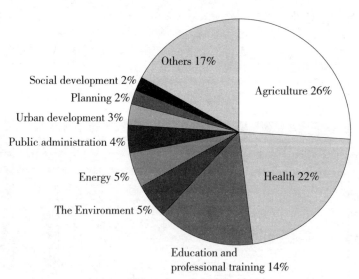

Cooperação, técnica com África:
principais áreas de cooperação segundo o volume de reeursos dispendido,2003-2010

Cooperação, investimentos e comércio: um trio inseparável

Ao mesmo tempo em que crescem as atividades de cooperação entre o Brasil e a África, aumenta também o volume de investimentos e do comércio de bens e serviços. A corrente comercial entre o Brasil e os países africanos cresceu de US$ 4,3 bilhões em 2002 para US$ 27,6 bilhões em 2011.

Dados revelam as disparidades em termos de volumes entre os recursos mobilizados por um lado pela cooperação e por outro os investimentos que apoiam em geral a internacionalização das empresas brasileiras e viabilizam os ganhos econômicos das multinacionais que a elas se associam. É crescente a presença de empresas brasileiras, tanto as de capital privado quanto as estatais naquele continente. Através do – Banco Nacional de Desenvolvimento Econômico e Social (BNDES), o governo brasileiro financia também uma série de obras de engenharia que facilitam a celebração de contratos de obras das mais diversas modalidades. Ao mesmo tempo, fundos de investimento buscam captar recursos financeiros para viabilizar os crescentes investimentos do Brasil na África.

Neste sentido, a FGV Projetos, da Fundação Getúlio Vargas, pretende captar recursos da ordem de US$ 1 bilhão para o desenvolvimento dos projetos agrícolas. O fundo é coordenado pelo DWS Investments, gestor pertencente ao Deutsche Bank, da Alemanha. Além disso, em junho de 2012, o BTG Pactual, maior banco de investimento no Brasil, também anunciou a intenção de levantar US$ 1 bilhão e criar um fundo de investimentos do mundo para a África, voltado para áreas como infraestrutura, energia e agricultura. [1] No caso de Moçambique, foi lançado em julho de 2012 um fundo destinado a captar US$ 2 bilhões no setor do agronegócio, cujos detalhes informamos mais adiante.

Países emergentes como a China e a Índia vêm buscando ampliar sua cooperação e seus investimentos no continente africano. Para estes países, o potencial de exportação de energia e alimentos que tem a África é o principal motivo desta aproximação. Para o Brasil, que não depende deste tipo de importações, as motivações são outras. Somada a busca por espaço e influência política que

---

[1] Brasil compete com China e Índia para investir na África. O Estado de S. Paulo - 27/07/12.

integra as diretrizes da política externa de um Brasil com crescente peso no sistema internacional, destaca-se a importância estratégica concedida nos últimos anos à expansão de empresas brasileiras em direção a outros países. Explorar petróleo e minérios naquele continente, assim como participar com suas empresas de engenharia em obras de infraestrutura, são atividades já desenvolvidas pelo Brasil na África há alguns anos.

O governo brasileiro, no entanto, enxerga ali um grande potencial para a expansão das empresas brasileiras em diversos setores. Em exposição recente, Luciano Coutinho, presidente do BNDES, destacou alguns destes setores cuja presença na África devem ser objeto de estímulos por parte do banco. Para Coutinho, a integração do Brasil com a África traz oportunidades não apenas para as grandes empresas, mas também para companhias de médio porte. Segundo ele, alguns setores atrativos nesse sentido são açúcar e álcool, telecomunicações, energia, energias renováveis, petroquímica, siderurgia, indústria automotiva, bens de capital, varejo, transportes, serviços bancários e fármacos.[1]

De acordo com análise do Instituto de Pesquisa Econômica Aplicada (Ipea), os investimentos do setor privado brasileiro na África tiveram início nos anos 1980, através de empresas brasileiras presentes naquele continente. "Embora estejam presentes em todo o continente, a atuação das empresas brasileiras concentra-se principalmente nos setores de infraestrutura, energia e mineração na África Subsaariana, conforme o mapa a seguir. Esses agentes tradicionais, em termos de investimento e volume de vendas, são Andrade Gutierrez, Camargo Corrêa, Odebrecht, Petrobras, Queiroz Galvão e Vale. A Marcopolo também merece ser mencionada por sua abordagem diferenciada" (Ipea, 2011).

Mapeando os investimentos brasileiros na África, Villas Bôas (2011) identificou 22 países nos quais existem empresas brasileiras, sendo os setores de minerais e construção civil os mais consolidados e o das pequenas e médias empresas e franquias os com maior potencial para o futuro. O setor de serviços se destaca, mas este é mais forte onde os investimentos em outras áreas são mais significativos.

A Odebrecht é a empresa de construção brasileira com o maior número de

---

[1] BNDES. Seminário no BNDES destaca oportunidades de investimento e cooperação no continente africano. 07/05/12.

Empresas brasileiras na África

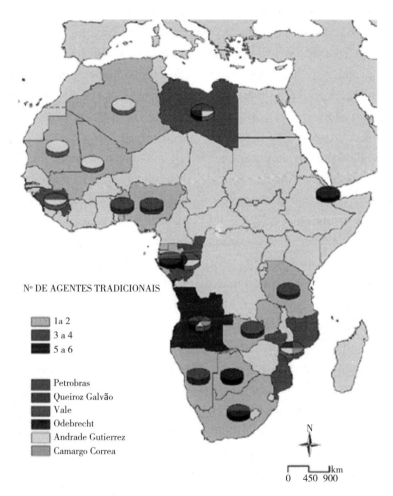

Nº DE AGENTES TRADICIONAIS

- 1 a 2
- 3 a 4
- 5 a 6

- Petrobras
- Queiroz Galvão
- Vale
- Odebrecht
- Andrade Gutierrez
- Camargo Correa

N

0   450 900 km

projetos na África, com presença na África do Sul, Angola, Botsuana, Djibuti, Gabão, Líbia, Libéria, Moçambique e República Democrática do Congo. A empresa tem parcerias com governos e outras empresas estrangeiras, tendo também criado consórcios com outros empreiteiros brasileiros na África. Entre as diversas atividades que desenvolve, encontram-se projetos relacionados com a exploração de petróleo e gás, infraestrutura, construção de condomínios residenciais, planejamento urbano, operação de minas de diamantes e distribuição de alimentos. Através de sua controlada ETH, a empresa investe também na produção de açúcar e etanol em Angola.

A Andrade Gutierrez, que também atua no ramo da construção civil, está presente em Angola, Argélia, Camarões, Guiné, Guiné Equatorial. Líbia, Mali, Mauritânia, Moçambique e República Democrática do Congo. A empresa realiza negócios na África desde 1984, tendo construído rodovias e estradas, além de realizar projetos de habitação, construção civil e planejamento urbano. A Camargo Corrêa, empresa do mesmo setor, está presente em diversas obras de construção civil em Angola e Moçambique. Já a Queiroz Galvão desenvolve grandes obras em Angola e na Líbia.

A Vale, segunda maior empresa mundial de mineração, atua em nove países africanos: África do Sul, Angola, Congo, Gabão, Guiné, Libéria, Zâmbia, Malaui e Moçambique. Em seu site, constava em outubro de 2012 a informação de que a empresa planeja investir US$ 7,7 bilhões na África nos próximos anos – valor correspondente ao orçamento dos projetos já aprovados para o continente.

Como descreve o Ipea (2011), a Vale adquiriu empresas de mineração na África do Sul e na República Democrática do Congo, principalmente para a exploração de cobre e cobalto. Em Moçambique a empresa iniciou oficialmente atividades metalúrgicas e de mineração de carvão e comprometeu-se a investir outros US$ 4 bilhões, além dos US$ 2 bilhões já investidos desde a compra das operações de mineração de carvão em 2004. Em Angola, sua presença tem como objetivo a identificação de áreas adequadas à mineração de cobre e níquel. Por intermédio da empresa GeVale Indústria Mineira Ltda. e de um consórcio com o grupo angolano Genius, a Vale atua na Província de Moxico, na fronteira com a Zâmbia, onde realiza atividades de garimpo em um dos maiores veios de cobre do mundo, que juntamente com Katanga, na República Democrática do Congo, forma o cinturão do cobre. Na Guiné (Conakry), a empresa adquiriu 51% da empresa BSG Resources Ltd. (Guiné), que detém concessões de minério de ferro no país.

Em seu site, a empresa anuncia ainda que, em dezembro de 2011, assinou com o governo do Maláui um contrato para construir um corredor ferroviário pelo qual passará o carvão produzido em Moçambique.

As atividades da Petrobras na África priorizaram a busca e a extração de petróleo especialmente em águas profundas e ultraprofundas, com operações ativas nesta área em Angola, Líbia, Nigéria e Tanzânia. A empresa adquiriu recentemente 50% de participação em um bloco de 7.400 km² no litoral de Benin para a exploração de petróleo leve. Na Namíbia, conta com participação de 50% em bloco de exploração de petróleo em águas profundas e ultraprofundas.

Segundo o Observatório das Empresas Transnacionais, o cronograma da Petrobras na África em 2012 previa a perfuração de quatro novos poços, sendo três em Angola e um na Tanzânia. Para 2013, são estimadas três perfurações – uma na Namíbia, outra no Gabão e a última em Benin. [1]

A Petrobras Biocombustíveis (PBio), por sua vez, tem crescente participação nas iniciativas do governo brasileiro no sentido de fazer de alguns países da África importantes produtores de etanol e biodiesel. Através da associação com a francesa Tereos, a PBio deverá estender à África sua produção de etanol.

Os principais projetos relacionados à produção agrícola em que o Brasil está presente na África concentram-se em Moçambique, e são analisados adiante.

O BNDES e as relações comerciais com a África

Através do BNDES, o Brasil financia também suas exportações a países africanos. No caso de Angola, são concedidos créditos para a importação de bens e serviços brasileiros para obras de infraestrutura, tendo como garantias recebíveis de petróleo. A previsão é de que em 2012 os desembolsos para Angola somem US$ 600 milhões. Este modelo deve começar a ser replicado também em Gana e Moçambique, em breve. Para isto, estão sendo estudadas novas formas de garantia para alguns projetos com o uso de recebíveis lastreados em carvão. [2]

Na visão do BNDES, a experiência com Angola demonstra que depois dos financiamentos para infraestrutura podem se abrir oportunidades para financiar projetos em setores produtivos. Angola estaria disposta a utilizar parte dos recursos da nova linha de crédito para fomentar setores produtivos, entre os quais a agricultura, que depende do uso de mão de obra e de maquinário.

Além de Angola, o BNDES já fez desembolsos para Moçambique. O governo de

---

[1]   http://observatoriodasempresas.blogspot.com.br/2011/09/petrobras-na-africa.html, acesso em 05/10/12.

[2]   Francisco Góes. Brasil quer replicar, com outros países da África, modelo de comércio com Angola. Valor Econômico, 02/05/12.

Gana tem interesse em criar uma linha de US$ 1 bilhão para financiar projetos de infraestrutura. Com reservas de petróleo recém-descobertas e um marco regulatório estabelecido, Gana tem condições de oferecer garantias com base em recebíveis de petróleo, a exemplo do que já se tornou habitual com Angola.

Cooperação com Moçambique

Além dos acordos já mencionados, Brasil e Moçambique assinaram em 2011 seis novos acordos de cooperação, segundo a Agência Brasileira de Cooperação, nas seguintes áreas: "Modernização da Previdência Social de Moçambique"; "Capacitação Jurídica de Formadores e Magistrados"; "Implantação de Banco de Leite Humano e de Centro de Lactação em Moçambique"; "Apoio à Implantação do Centro de Tele-saúde, da Biblioteca, e do Programa de Ensino a Distância em Saúde da Mulher, da Criança e do Adolescente de Moçambique"; "Capacitação e Transferência Metodológica para o Programa Mais Alimentos África em Moçambique"; e "Implantação de Bancos Comunitários de Sementes e Capacitação para o resgate, multiplicação, armazenamento e uso de sementes tradicionais, também chamadas crioulas, em áreas de agricultura familiar". [1]

Vale

Carvão em Moatize

Os investimentos de grandes empresas brasileiras em Moçambique começaram a se fazer presentes nos anos de 1990. Em 2004, a Vale obteve os direitos de exploração das reservas de duas minas de carvão em Moatize, na bacia do rio Zambeze, província de Tete. Com investimentos de 1,7 bilhão de dólares, a mina foi inaugurada em julho de 2007. É a segunda maior mina de carvão a céu aberto do mundo e o maior empreendimento da mineradora fora do Brasil. Em 2012, seu

---

[1] ABC. Disponível em http://www.abc.gov.br/abc_por/webforms/interna.aspx?secao_id=105&Idioma_id=1.

primeiro ano completo de operação, a mina produziu 3,8 milhões de toneladas. A produção estimada para 2015 é de 9,7 milhões de toneladas. A mina Moatize II deverá começar sua produção em 2015. O investimento total da Vale em Moatize deverá alcançar US$ 8,5 bilhões, que correspondem a mais de metade do PIB do país.

Os atingidos pela Vale

A instalação e a operação da mina da Vale em Moatize implicaram no reassentamento de mais de 1.300 famílias. São constantes as manifestações de protesto destas famílias, por não terem sido respeitados seus direitos legais. Segundo a Ação Acadêmica para o Desenvolvimento das Comunidades Rurais (Adecru), elas reivindicam uma indenização e compensação justa pela retirada da sua principal fonte de renda, relativa à atividade de fabrico de tijolos queimados, e a disponibilização imediata de áreas e fontes alternativas de geração de renda. Durante o processo de consulta e participação pública, a Vale comprometeu-se a indenizar e compensar cada pessoa envolvida nesta atividade num valor equivalente US$ 3 a 4 mil, mas elas receberam somente o correspondente a US$ 2mil. [1]

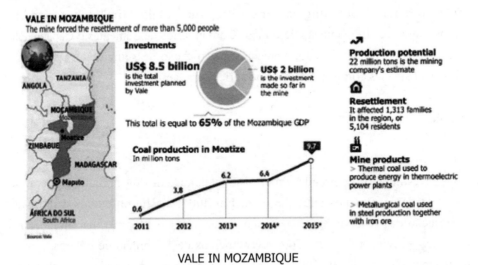

VALE IN MOZAMBIQUE

Fonte: Folha de São Paulo

[1] Atingidos pela Vale Bloqueiam e Forçam a Paralisação da Mina em Moçambique. http://adecru. wordpress.com/?s=Atingidos+pela+Vale+Bloqueiam+e+For%C3%A7am+a+Paralisa%C3%A7%C3%A3o+da+Mina+em+Mo%C3%A7ambique&submit=Termo.

De acordo com depoimentos colhidos pela Folha de São Paulo, não há água suficiente perto das terras que foram alocadas aos reassentados e muitos não conseguem plantar nada. "Nos prometeram dois hectares de terra, só deram um, e uma terra ruim que não rende nada", diz João Salicuchepa Gimo, 39, que mora com a mulher e sete filhos no assentamento de Cateme.

Afastados da cidade, eles não conseguem nem mais fazer os "bicos" que os sustentavam. "Antes, a gente complementava nossa renda vendendo roupas na cidade, a família chegava a tirar US$ 300 por mês. Agora, estamos tão longe de Tete que não dá mais para fazer isso." [①]

Infraestrutura de transportes

Em 2010, a Vale adquiriu 51% da participação acionária na Sociedade de Desenvolvimento do Corredor do Norte SA (SDCN), de propriedade da empresa moçambicana Insitec SGPS. A SDCN controla, com 51% de participação, o Corredor de Desenvolvimento do Norte (CDN) e da Central East African Railway (CEAR).

A CDN é responsável pela concessão de um trecho ferroviário de 872 km em Moçambique, que conecta Entrelagos, na província de Niassa, ao porto de Nacala, na província de Nampula, ao norte de Moçambique, e do próprio porto de Nacala. A CEAR detém a concessão de todo sistema ferroviário do Malaui, que atualmente compreende 797 km de ferrovias ligando todo o país nos eixos norte-sule leste-oeste.

Os sistemas ferroviários CDN e CEAR são interligados e próximos à região mineral de Moatize, na província de Tete. Esta infraestrutura, ao mesmo tempo em que torna viável a expansão da capacidade de Moatize, servirá também para o transporte da rocha fosfática de Evate para a costa Leste da África, assim como da produção do cinturão de cobre da Zâmbia, além de outras cargas do eixo Zâmbia-Malaui-Moçambique. A transação faz parte da estratégia da Vale de construir infraestrutura para transporte de sua produção na África Central e Oriental, que incluirá também a construção de um novo terminal marítimo de águas profundas em

---

① Patrícia Campos Mello. Megaprojeto da Vale é alvo de protestos em Moçambique. Folha de São Paulo, 22/04/13.

Nacala. [1]

Em 2012, o governo moçambicano aprovou a concessão para construção e exploração de uma linha férrea de 780 quilômetros entre Moatize e o Porto de Nacala, no Oceano Índico. A obra será executada por um consórcio em que a Vale tem 80% e o governo de Moçambique, por meio da estatal CFM, 20%. O investimento total estimado é US$ 1,5 bilhão. A expectativa do governo moçambicano é de que, além de cargas, os trens também possam transportar passageiros, a exemplo das linhas operadas pela Vale no Brasil: Vitória-Minas e Carajás-São Luís, no Maranhão.

No entanto, a primeira experiência com a ferrovia de Sena, ligando Moatize ao Porto da Beira, além de não responder à demanda por transporte de passageiros, é também motivo de discórdia entre a Vale e a Rio Tinto, outra empresa mineradora que explora o carvão de Benga no Distrito de Moatize.

Com a construção da ferrovia, outro trecho será viabilizado: o ramal ferroviário entre o país vizinho Malaui e Moatize. O Malaui não tem litoral e a ferrovia poderia ser uma alternativa para importação e exportação de produtos e transporte de passageiros. A Vale também já manifestou interesse na construção e operação desse trecho, com custo de implantação estimado em US$ 700 milhões. [2]

Fosfato em Monapo

Em junho de 2012, a Vale Moçambique iniciou estudos destinados à pesquisa e exploração de fosfato na mina de Evate, no distrito do Monapo, província de Nampula.

O projeto está no segundo estágio dos três previstos para a execução dos estudos de viabilidade. [3]

A mina foi concessionada à Vale Moçambique, por 28 anos. Com o fosfato, a

[1] Vale estrutura logística para apoiar suas operações na África. www.vale.com.br/pt-br/investidores/press-releases/paginas/vale-estrutura-logistica-para-apoiar-suas-operacoes-na-africa.aspx.

[2] Emerson Penha. Vale vai construir ferrovia em Moçambique. EBC, 04/07/12. http://agenciabrasil.ebc.com.br/noticia/2012-07-04/vale-vai-construir-ferrovia-em-mocambique.

[3] A segunda maior do mundo em produção de rocha fosfática. http://obraspelomundo.blogspot.com.br/2013/04/a-segunda-maior-do-mundo-em-producao-de.html

Vale pretende construir um complexo industrial para a produção de fertilizantes, no distrito costeiro de Nacala-a-Velha, para atender à demanda do agronegócio, que deverá se estabelecer ao longo do Corredor de Nacala. O empreendimento, orçado US$ 3 bilhões, ficará localizado na zona de Nanare, numa área de 700 hectares.

Odebrecht

A Odebrecht também está presente na construção das instalações da mina de carvão da Vale em Moatize, em conjunto com a Camargo Corrêa. Além das obras da mina, infraestrutura de rodovias e a construção da usina de beneficiamento de carvão mineral, a Odebrecht também se encarregou da construção de casas para as famílias desapropriadas pela construção.

As casas doadas às famílias, construídas pela Odebrecht e uma empresa terceirizada, estão sendo refeitas pela segunda vez e muitos estão morando em barracas. Poucos meses depois de serem entregues, começaram a apresentar rachaduras e vazamentos. A erosão começou a abalar a estrutura das casas. [1]

A empresa é responsável também pela construção do aeroporto internacional de Nacala, com inauguração prevista para 2013, orçada em US$ 114 milhões. Conta com financiamento de US$ 80 milhões do BNDES, e do Terminal de Carvão – Cais 8, no Porto de Beira, para o qual há previsão de financiamento de US$ 220 milhões por parte do BNDES.

Camargo Corrêa

Além do consórcio com a Odebrecht na mina da Vale em Moatize, a Camargo Corrêa tem negócios em Moçambique nas áreas de produção de cimento e construção de uma hidrelétrica.

Em 2010, a Camargo adquiriu 51% da empresa Cimento de Nacala (Cinac), do

---

[1] Patrícia Campos Mello. Megaprojeto da Vale é alvo de protestos em Moçambique. Folha de São Paulo, 22/04/13.

grupo moçambicano Insitec. A unidade, na cidade portuária de Nacala, província de Nampula, tem capacidade instalada para produzir 350 mil toneladas de cimento por ano. [1] Em 2012, assumiu também o controle acionário da Cimento de Portugal (Cimpor), ao adquirir 95% de seu capital. A unidade de produção, com capacidade para 1 milhão de toneladas por ano, situa-se no distrito de Matola, em Nampula.

Em 2007, a Camargo empresa ganhou a concessão para construir a hidrelétrica de Mphanda Nkuwa, no rio Zambeze. Será um investimento total de US$ 5 bilhões, quase a metade do PIB moçambicano, na segunda maior usina do país e em um sistema de transmissão de 1.500 km integrando o norte ao sul.

A Camargo ganhou a concessão para o projeto com as empresas locais Insitec e Eletricidade de Moçambique. O plano era começá-lo no início deste ano, mas foi adiado para janeiro de 2015. O maior obstáculo é assegurar financiamento: o crédito depende de um contrato de fornecimento da energia. O governo está negociando com a África do Sul e com outros países.

Para executar o projeto, a empresa terá que remover 400 famílias, e deverá gastar US$ 3,5 milhões com a preparação para o reassentamento, com treinamento, pesquisas de campo e outras atividades. A usina já recebeu uma licença ambiental provisória, e a definitiva sai depois de pronto o plano de reassentamento, regra adotada após o caso da Vale.

"Vamos sofrer se tivermos que sair daqui, tiramos tudo do rio", diz Razia Alberto, 35. Seu marido é pescador, e ela e os quatro filhos vivem da plantação de milho e da venda de peixe, que rende o equivalente a US$ 3 por dia. "Todos os meus antepassados viveram aqui." "Não sabemos o que vamos fazer da vida se formos levados para longe do rio", diz ela em nhungue, a língua local. [2]

---

[1]   Brasileira Camargo Corrêa Cimentos adquire controlo de cimenteira em Moçambique. http://www. macauhub.com.mo/pt/2010/06/14/9244/.
[2]   PCM. Camargo Côrrea tenta evitar conflito similar ao da Vale em Moçambique. http://www1.folha. uol.com.br/mundo/2013/04/1266524-camargo-correa-tenta-evitar-conflito-similar-ao-da-vale-em-mocambique.shtml

Guarani: Petrobras e Tereos

Moçambique tem grande interesse pela substituição da gasolina, pois importa 100% do petróleo que consome. O governo daquele país estuda a introdução uma mistura obrigatória de 10% de etanol à gasolina.

A Guarani, cujo capital é dividido entre a Tereos e a Petrobras Biocombustíveis, já possui uma usina de produção de açúcar em Moçambique, a Companhia de Sena, com capacidade de moagem anual de 1,2 milhão de toneladas de cana-de-açúcar. A Guarani anunciou em dezembro de 2011 o início de estudos para produzir etanol naquele país, em parceria com a Petróleos de Moçambique (Petromoc). A nova usina será construída ao lado da unidade já existente, aproveitando o melaço, atualmente vendido para produção de ração animal. A estratégia é produzir o biocombustível sem afetar o crescimento da oferta de açúcar, produto do qual Moçambique também é dependente de importação.

Eletrobras

Na área dos investimentos estatais, a Eletrobras é uma das grandes empresas que atuam em Moçambique. Como parte de suas iniciativas de internacionalização, a empresa participará da instalação de duas linhas de transmissão, de cerca de 1,5 mil quilômetros de extensão cada uma, partindo da hidrelétrica de Mphanda Nkuwa, a ser construída pela Camargo Corrêa. As estatais de energia de Moçambique (EDM), França (EDF) e África do Sul serão sócias da Eletrobras no projeto da linha de transmissão.[1]

Quando entrar em operação, o sistema vai praticamente dobrar a oferta de energia em Moçambique, país que tem apenas uma grande hidrelétrica e complementa a oferta com geradores movidos por combustíveis fósseis instalados em cidades e aldeias. As conversas preliminares indicam que a Eletrobras entrará com 49% de participação nos empreendimentos. O controle (51%) será da empresa estatal

---

[1] Glauber Gonçalves. Eletrobras fará parceria com estatal da França. Agência Estado, 03/09/12. Disponível em http://economia.estadao.com.br/noticias/negocios%20geral,eletrobras-fara-parceria-com-estatal-da-franca,125313,0.htm.

moçambicana de energia EDM. [1]

BNDES

O BNDES já fez desembolsos para Moçambique. O banco voltou-se para esse país africano na esteira do projeto de carvão de Moatize, da Vale, que ainda não foi contemplado com financiamento. Mas o BNDES está participando de outro projeto, a construção do aeroporto de Nacala, a cargo da Odebrecht. Devem ser financiados pelo banco entre US$ 120 milhões e US$ 150 milhões para aquisição de bens e serviços brasileiros para o aeroporto. Existe expectativa de financiamento da implantação de uma zona franca e de um porto em Nacala.

Em 2012, os desembolsos a empresas brasileiras com projetos em países da África (Angola e Moçambique) somaram US$ 681,9 milhões, valor 46% maior que os US$ 466 milhões de 2011.

Luciene Machado, superintendente da área de exportações do BNDES, estima que a carteira de projetos do banco em Moçambique, incluindo a construção de uma barragem pela Andrade Gutierrez, deve ficar em US$ 500 milhões [2]. Há outros projetos em perspectiva que não estão nessa conta, incluindo uma usina de geração de energia no norte de Moçambique, na qual a Camargo Corrêa vem trabalhando. Nesse projeto, o banco vem tentando construir uma primeira operação tendo recebíveis de carvão como garantia. A ideia é que parte dos royalties pagos pela Vale ao governo de Moçambique pela exploração de carvão seja colocada em uma conta para servir de garantia para empréstimos oferecidos a projetos.

Em abril de 2013, foi criada pelo BNDES uma nova diretoria, que cuidará dos assuntos relacionados à África, América Latina e Caribe. O objetivo é aumentar o financiamento às empresas brasileiras que exportam bens e serviços para os

---

[1]   Vladimir Platonow. Projeto de internacionalização da Eletrobras prioriza investimentos na África e na América do Sul. Agência Brasil, 18/04/12. Disponível em http://agenciabrasil.ebc.com.br/noticia/2012-04-18/projeto-de-internacionalizacao-da-eletrobras-prioriza-investimentos-na-africa-e-na-america-do-sul.

[2]   Francisco Góes. Brasil quer replicar com outros países da África modelo de comércio com Angola. Valor Econômico, 02/05/12.

países dessas duas regiões. A criação da nova diretoria ocorre após o presidente do BNDES, Luciano Coutinho, ter afirmado que o Banco havia abandonado a política de criação das "campeãs nacionais", que incentivou a formação de grandes companhias brasileiras com o objetivo de disputar o mercado internacional. [1]

---

[1] http://oglobo.globo.com/economia/bndes-cria-nova-diretoria-para-america-latina-africa-8201330#ixzz2TRHMKXif

O ProSavana Programa de Cooperação Triangular para o Desenvolvimento das Savanas Tropicais de Moçambiques

A Organização das Nações Unidas para a Agricultura e Alimentação (FAO) e o Banco Mundial (Bird) publicaram, em 2009, o estudo "Despertando o gigante"(Banco Mundial e FAO, 2009). Segundo o documento, a região de savanas que se estende do Senegal à África do Sul, a chamada Savana da Guiné, que abrange 25 países, tem um potencial cultivável de 400 milhões de hectares, dos quais apenas 10% encontram-se atualmente utilizados. Os casos do Cerrado brasileiro e do Nordeste da Tailândia foram tomados como referencial para avaliar o potencial de aproveitamento de áreas similares da Savana Africana, em Moçambique, Nigéria e Zâmbia. Os produtos escolhidos para a comparação (mandioca, algodão, milho, arroz, soja e açúcar) foram aqueles considerados mais importantes na produção agrícola das regiões correspondentes na Tailândia e no Brasil.

Os dados mais recentes do Instituto Nacional de Estatística de Moçambique (INE) indicam que:

"Atualmente, 70% da população de Moçambique vive em zonas rurais e a maioria depende da agricultura de subsistência. Embora se tenham registado esforços assinaláveis para resolver a questão, a produtividade significa que um grande número da população sofre de insegurança alimentar crônica e o rendimento dos produtos agrícolas é baixo e imprevisível".[1]

---

[1] Quadro das Nações Unidas para Assistência ao Desenvolvimento de Moçambique 2012-2015. www.undp. org.mz.america-do-sul.

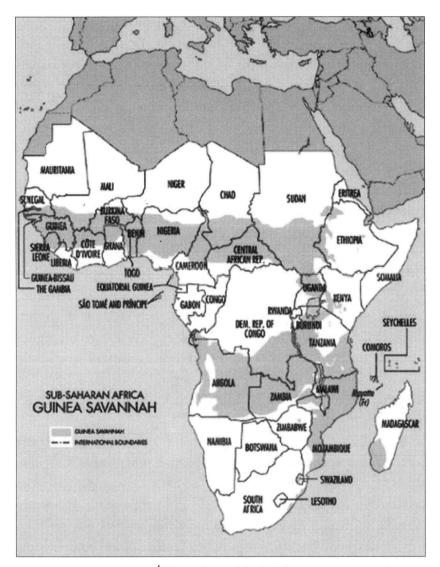

África–a Savana da Guiné

Fonte: http://m.reliefweb.int/report/13334
  baixa, combinada com uma alta vulnerabilidade dos choques climáticos

Em 2010, as províncias mais povoadas eram Nampula e Zambézia, ao norte de Moçambique, ambas com mais de 4 milhões de pessoas, somando 40% do total da população do país. O percentual da população rural nas duas províncias situa-se entre 70 e 80%, uma média mais elevada do que a do conjunto do país.

É nesse contexto que os governos de Moçambique, Brasil e Japão anunciam uma iniciativa conjunta, que seria capaz de aproveitar o conhecimento adquirido com o Programa de Cooperação NipoBrasileira para Desenvolvimento Agrícola do Cerrado (Prodecer), desenvolvido em meados dos anos 1980. Assinala-se, no entanto, que a situação socioeconômica da região do Cerrado brasileiro é significativamente distinta daquela existente na Savana Africana. E que, portanto, novos modelos de desenvolvimento agrícola sustentável, específicos para cada uma das regiões abrangidas, serão necessários.

Os órgãos oficiais envolvidos nesta iniciativa destacam ainda que, nestes novos modelos, fatores como segurança humana, segurança alimentar, redução da pobreza no campo e preservação da natureza precisam ser considerados.

Lançado em 2009, o ProSavana é um programa de cooperação triangular entre os Governos de Moçambique, representado pelo Ministério da Agricultura, Brasil, pela ABC e Embrapa, e Japão, pela JICA. É atualmente a maior iniciativa de cooperação da história do Programa de Parceria JapãoBrasil (PPJB), lançado em 2000. Sua estrutura compreende a execução de projetos de cooperação técnica que, conforme consta nos documentos oficiais, contribuam para o desenvolvimento agrícola na região norte de Moçambique, conhecida como Corredor de Nacala.

"Terão como foco o desenvolvimento agrícola, rural e regional de forma competitiva e com responsabilidade socioambiental, promovendo a segurança alimentar em Moçambique e o estabelecimento de um sistema produtivo orientado para o mercado" (JICA, 2011).

O Programa se inspira na experiência adquirida através dos programas brasileiros de desenvolvimento agropecuário realizados em parceria com a Agência de Cooperação Internacional do Japão (JICA), principalmente a experiência e os resultados do Prodecer e dos Programas de Assentamento Dirigido no Distrito Federal (PAD-DF), desenvolvidos a partir de 1973 (Embrapa, 2011).

Assim como o Prodecer, o ProSavana tem um horizonte de 20 anos. O estudo preparatório inicial, desenvolvido já no âmbito do Programa, definiu sua configuração em três componentes básicos:

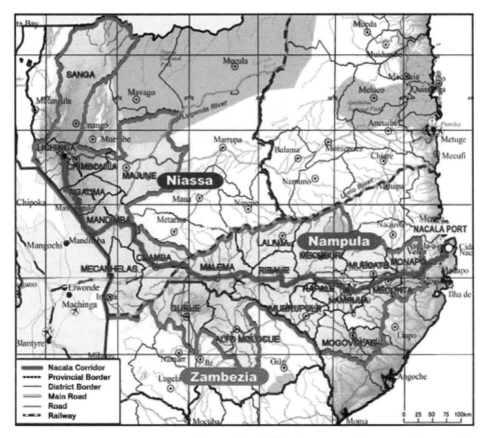

O corredor de Nacala

Fonte: ProSavana-PD

• o primeiro, Projeto de Investigação (ProSavana-PI), inicialmente denominado ProSavana-TEC, tem por finalidade a melhoria da capacidade de pesquisa e transferência de tecnologia para o desenvolvimento agrícola no Corredor de Nacala;

• o segundo, Plano Diretor (ProSavana-PD), visa a elaboração de um plano abrangente de desenvolvimento agrícola para o Corredor de Nacala;

• o terceiro, Projeto de Extensão (ProSavana-PE), tem por objetivo a implementação de projetos produtivos pilotos no âmbito da agricultura familiar e comercial.

Componente 1 – Melhoria da capacidade de pesquisa e transferência de tecnologia

O primeiro componente, ProSavana-PI, tem como objetivo central a melhoria da capacidade de pesquisa do Instituto de Investigação Agrária de Moçambique (IIAM) e a transferência de tecnologia em agricultura tropical. Outras atividades presentes neste componente visam o estabelecimento de modelos agrícolas adequados para a região e a realização de estudos para subsidiar a elaboração do Plano Diretor. Por esta razão, o ProSavana-PI foi o primeiro dos componentes do Programa a ser posto em prática. Iniciado em 2011, tem duração prevista de cinco anos. Seus objetivos específicos são (Embrapa, 2011):

1. Fortalecer a capacidade operacional e de disseminação de tecnologias dos Centros Zonais em Nampula e Lichinga;

2. Avaliar as condições socioeconômicas e desenvolver métodos e critérios para avaliação de impacto socioambiental decorrente do uso de novas tecnologias;

3. Identificar e avaliar as condições dos recursos naturais para a prática da agricultura no Corredor de Nacala e disponibilizar tecnologias para sua utilização sustentável;

4. Desenvolver e disponibilizar soluções tecnológicas eficientes para o cultivo agrícola e a produção animal; e

5. Desenvolver e validar, em conjunto com comunidades de produtores, tecnologias agrícolas em unidades demonstrativas selecionadas.

O ProSavana-PI, iniciado em maio de 2011, contará com o apoio de instituições de pesquisa em agricultura tropical do Japão e do Brasil, por meio da Embrapa, para qualificar as atividades de pesquisa e desenvolvimento do Instituto de Investigação Agrária de Moçambique (IIAM). A JICA e a ABC trabalham conjuntamente na coordenação das atividades.

Neste período serão aplicados US$ 14,68 milhões, dos quais US$ 6,19 milhões (42,1%) financiados pela Agência Brasileira de Cooperação (ABC); US$ 6,43 milhões (43,8%) custeados pela Embrapa em horas técnicas equivalentes; e US$ 2,07 milhões (14,1%) custeados pelo Governo Moçambicano em horas técnicas equivalentes e outras despesas de custeio. (Embrapa, 2011)

Componente 2 – Plano Diretor

Os estudos destinados à elaboração do Plano Diretor tiveram início em março de 2012, e sua versão final deverá estar concluída em outubro de 2013. Sua área de abrangência é de cerca de 14 milhões de hectares, onde residiam, em 2011, 4,3 milhões de pessoas. O Plano envolve 19 províncias, situadas em três distritos:
— Província de Nampula:
Monapo
Meconta Muecate
Mogovolas
Nampula
Murrupula Mecuburi Ribáuè
Lalaua
Malema.
— Província de Niassa:
Lichinga
N' Gauma
Mandimba Cuamba
Sanga
Majune
Mecanhelas.
— Província de Zambézia:
Gurué Alto Molocue.
Inicialmente, foi realizado um zoneamento das classes de gestão agrícola, visando à identificação dos possíveis arranjos produtivos e escalas de produção em cada distrito. Para isto, foram estabelecidas cinco etapas:
a. Zoneamento ambiental, subdividindo os distritos em classes de vulnerabilidade ambiental.
b. Zoneamento socioeconômico, levando em conta indicadores como população rural, infraestrutura de transportes, área cultivada e população alfabetizada.
c. Vulnerabilidade socioambiental, enquadrando os distritos em quatro distintas classes.

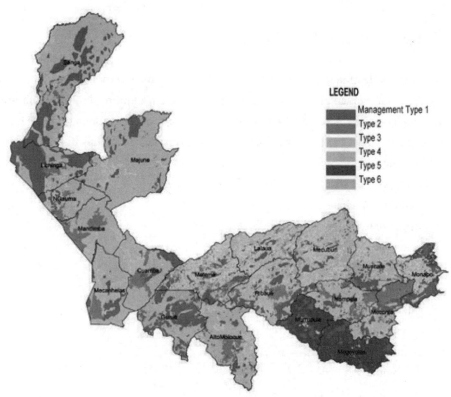

Zoneamento por tipo de gestão agrícola

Fonte: ProSavana-PD

d. Mapeamento do uso e da cobertura dos solos.

e. Escalas de produção, discriminando as áreas adequadas para a produção empresarial em grande escala, empresarial em média escala e familiar, em pequena escala.

Com base nestes referenciais, a região abrangida pelo Programa foi subdividida em seis distintas zonas, sendo estabelecidas para cada uma delas diferentes estratégias de desenvolvimento, conforme a seguir.

Zona I – Abastecimento de alimentos para a área portuária de Nacala e culturas de alto valor

1) Principais culturas promovidas:
• Milho para atender à demanda interzonal.

• Mandioca, amendoim e legumes para atender à demanda interzonal, área do porto de Nacalae distritos costeiros.

• Feijões, guandu e gergelim para atender à demanda interzonal e para exportação.

2) Instalação de plantas de processamento em pequena escala de milho e mandioca.

3) Substituição de velhos cajueiros e revitalização da indústria do caju.

4) Promoção da produção de algodão e das instalações de processamento relacionadas.

5) Apoio à irrigação com bombas de pequena escala para a produção agrícola.

6) Reforma de instalações de irrigação desativadas para a produção de alimentos e outras culturas de alto valor.

7) Estimular "agricultores líderes" a promover a formação de associações de produtores e cooperativas.

8) Desenvolvimento de logística para commodities agrícolas, ligando à zona portuária de Nacala e distritos costeiros.

9) Controle cuidadoso sobre novas expansões em terras agrícolas de Monapo.

10)"Reflorestamento", a fim de prover biomassa, em substituição à produção de lenha a partir das árvores nativas.

Zona II – Centro de agronegócio do Leste do Corredor de Nacala

1) Principais culturas promovidas:
• Milho para atender à demanda interzonal.
• Mandioca, amendoim e legumes para atender à demanda interzonal e para processamento.
• Feijões, guandu e gergelim para atender à demanda interzonal e para exportação.

2) Instalação de plantas de processamento em pequena escala de milho, mandioca e arroz.

3) Desenvolvimento de agroindústrias de média e grande escalas.

4) Substituição de velhos cajueiros e revitalização da indústria do caju.

5) Promoção da produção de algodão e das instalações de processamento

relacionadas.

6) Apoio à irrigação com bombas de pequena escala para a produção agrícola.

7) Reforma de instalações de irrigação desativadas para a produção de alimentos e outras culturas de alto valor.

8) Estimular "agricultores líderes" a promover a formação de associações de produtores e cooperativas.

9) Desenvolvimento de logística da Zona II para commodities agrícolas.

10) Controle cuidadoso sobre novas expansões em terras agrícolas de Monapo (uso efetivo das áreas em pousio e das área agrícolas com DUAT).

11)"Reflorestamento", a fim de prover biomassa, em substituição à produção de lenha a partir das árvores nativas.

12) Recuperação da rodovia que liga Nampula a Mogovolas.

Zona III – Desenvolvimento de silos no Corredor de Nacala

1) Promoção de grandes culturas, para cobrir todo o Corredor de Nacala, principalmente Nampula e Cuamba.

2) Promoção da produção vegetal, especialmente de cebola e alho.

3) Promoção da produção de soja para processamento (óleo comestível e ração animal).

4) Desenvolvimento de plantas de processamento em pequena escala de milho, sorgo e mandioca.

5) Desenvolvimento de agroindústrias de média e grande escalas de produção.

6) Promoção da produção de algodão e das instalações de processamento relacionadas.

7) Promoção da produção de tabaco.

8) Desenvolvimento da indústria avícola.

9) Apoio à irrigação com bombas de pequena escala para a produção agrícola.

10) Reforma de instalações de irrigação desativadas para a produção de alimentos e outras culturas de alto valor.

11) Estimular "agricultores líderes" a promover a formação de associações de produtores e cooperativas.

12) Desenvolvimento de fazendas empresariais e promoção da agricultura sob

contrato (modelo de integração).

13) Uso efetivo das terras agrícolas em pousio e das áreas agrícolas com DUAT existentes.

14) Desenvolvimento de logística de commodities agrícolas ligando a Nacala, Nampula e Cuamba.

15) Recuperação de redes de estradas rurais.

Zona IV – Produção de culturas especiais de alto valor

1) Promover a produção de legumes e batatas, aproveitando o clima frio.

2) Substituição de velhas árvores e revitalização da indústria do chá.

3) Desenvolvimento de plantas de processamento em pequena escala de milho, sorgo e mandioca.

4) Estimular "agricultores líderes" a promover a formação de associações de produtores e cooperativas.

5) Controle cuidadoso sobre novas expansões em terras agrícolas.

6) Recuperação e desenvolvimento de redes de estradas rurais.

7)"Reflorestamento", para promover a substituição do uso de biomassa de árvores nativas.

Zona V – Centros de logística e processamento de commodities

1) Principais culturas promovidas:

• Milho e feijão para atender à demanda interzonal.

• Produção de soja para processamento (óleo comestível e ração animal) e para exportação.

• Vegetais para atender à demanda interzonal e para exportação para o Malawi.

2) Instalação de plantas de processamento em pequena escala de milho, sorgo e arroz.

3) Desenvolvimento de agroindústrias de média e grande escalas.

4) Promoção da produção de algodão e das instalações de processamento relacionadas.

5) Promoção da produção de tabaco.

6) Desenvolvimento da indústria avícola.

7) Desenvolvimento de sistemas de irrigação para a produção de alimentos e outras culturas de alto valor.

8) Estimular "agricultores líderes" a promover a formação de associações de produtores e cooperativas.

9) Desenvolvimento de fazendas empresariais e promoção da agricultura sob contrato (modelo de integração).

10) Uso efetivo das terras agrícolas em pousio e das áreas agrícolas com DUAT existentes.

11) Desenvolvimento de logística de commodities agrícolas ligando todo o país ao Malawi.

12) Desenvolvimento de indústrias de apoio à produção e ao processamento agrícola.

Zona VI – Cadeias de culturas especiais de alto valor

1) Principais culturas promovidas:
   • Milho para atender à demanda interzonal e para processamento.
   • Produção de soja para processamento (óleo comestível e ração animal) e para exportação.

2) Promoção da produção de legumes, feijão branco e batatas, beneficiando-se das condições climáticas favoráveis.

3) Instalação de plantas de processamento de milho em pequena escala.

4) Desenvolvimento de agroindústrias de média e grande escalas.

5) Promoção da produção de tabaco.

6) Desenvolvimento da indústria avícola.

7) Reforma de instalações de irrigação desativadas para a produção de legumes, feijão branco, batatas e outras culturas de alto valor em Lichinga.

8) Estimular "agricultores líderes" a promover a formação de associações de produtores e cooperativas.

9) Desenvolvimento de fazendas empresariais e promoção da agricultura sob contrato (modelo de integração).

10) Desenvolvimento de logística de commodities agrícolas ligando a Zona a

Cuamba, Pemba e Malawi.

11) Gerenciamento harmonizado da nova expansão de cultivos sobre áreas de interesse socioambiental.

12) Recuperação e desenvolvimento de redes de estradas rurais.

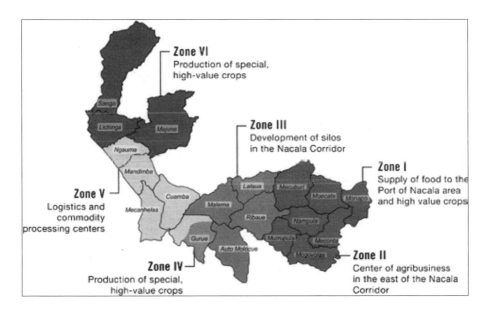

ProSavana. Zoneamento da área de estudo

Fonte: ProSavana-PD

Os conglomerados (Clusters)

A versão intermediária do Plano Diretor do ProSavana, de março de 2013, assim define o conceito de conglomerados para o desenvolvimento agrícola:

Conglomerados são abordagens estratégicas para acelerar o desenvolvimento no interior de um determinado território. O eixo central do desenvolvimento dessas estratégias é a concepção de uma ou mais cadeias de valor, com potencial sinérgico e em contexto apropriado ao território, a fim de canalizar os esforços para a sua realização em período inferior ao que poderia ser obtido na ausência de ações integradas e específicas. Todos os produtores, empresas e instituições vinculados à cadeia central de valor, tais como fornecedores de insumos, fornecedores de máquinas, infraestrutura especializada ou entidades concorrentes representam os elementos constituintes de um conglomerado. Envolvem canais de comercialização, consumidores, produtores de bens complementares e as empresas de setores afins. Podem também incluir instituições do governo, universidades, centros de treinamento e comércio. (ProSavana, 2013)

Os conglomerados de produção, definidos a partir do Zoneamento, apresentam-se como a base para o desenvolvimento político, social e especialmente econômico do Corredor de Nacala. Cada um deles irá abranger uma variedade de fornecedores agrícolas, industriais e empresas de serviços, onde estarão envolvidos desde produtores nacionais e estrangeiros corporativos até os pequenos produtores moçambicanos, trabalhado juntos e em sinergia com seus componentes. Estes conglomerados, além das sinergias internas, deverão também gerar sinergia entre si.

Segundo a versão intermediária do Plano Diretor (ProSavana, 2013), para as áreas identificadas como altamente vulneráveis, do ponto de vista social ou ambiental, foram recomendados conglomerados que permitirão a produção familiar de alimentos básicos, viabilizando o envolvimento de um número maior de agricultores, que produzirão alimentos de alto valor agregado, como hortigranjeiros e aves.

Como parte das recomendações desta versão do Plano Diretor, foi indicada a

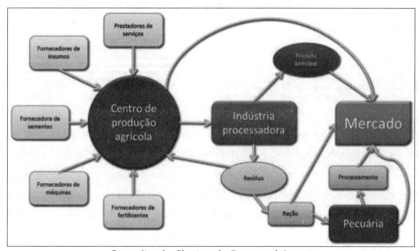

Conceito de Cluster de Desenvolvimento

Fonte: ProSavana-PD

criação de sete conglomerados, conforme demonstrado no mapa a seguir, com vistas ao início das atividades do ProSavana.

As principais características de cada um destes sete conglomerados são descritas na tabela a seguir.

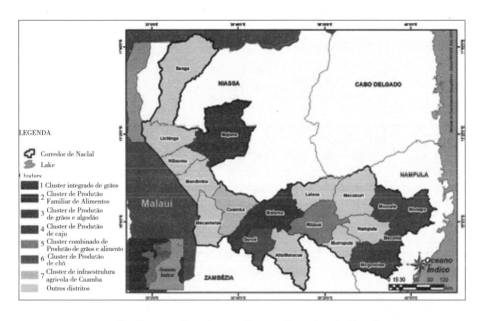

ProSavana: Conglomerados no Corredor de Nacala

Fonte: ProSavana-PD

Conglomerados Agrícolas Propostos

Conglomerado	Principal categoria de produção	Localização inicial sugerida	Componentes possíveis
Integrado de Grãos	Empresarial	Zona VI: Majune, expansível para a Zona V: N' gauma	Soja, Milho, Girassol, Capim elefante e Avicultura
Familiar de Alimentos	Familiar	Zona III: Malema	Milho, Mandioca, Algodão, Hortícolas e Amendoim

续表

Conglomerado	Principal categoria de produção	Localização inicial sugerida	Componentes possíveis
Grãos	Empresarial de Média e Grande Escalas	Zona V: Planície de Lioma (Posto Administrativo de Lioma, Gurué)	Soja, Milho, Algodão e Avicultura
Caju	Empresarial Média e Familiar	Zonas I e II: Monapo, Mogovolas, Meconta, Muecate	Castanhas de Caju, Milho, Feijões,Mandioca, Amendoim, Gergelim, Hortícolas e Eucalipto
Integrado de Alimentos e Grãos	Todas as categorias	Zona III: Ribáuè	Soja, Milho, Algodão, Sementes,Hortícolas e Avicultura
Chá	Empresarial Média	Zona IV: Gurué e Familiar	Chá
Infraestrutura Agrícola	Atividades não agrícolas	Zona V: Cuamba	Infraestrutura, logística, insumos e serviços

Fonte: ProSavana-PD

1. Integrado de Grãos

O objetivo declarado é o de fortalecer a economia local com o cultivo e processamento de grãos, com destaque para soja, milho e girassol, associado a uma agroindústria de frangos, com capital privado. De início, uma única empresa será responsável pela gestão de toda a operação do conglomerado, atuando de forma vertical desde a aquisição de insumos até o processamento industrial.

A versão atual do Plano Diretor afirma que este conglomerado deve ser instalado inicialmente no distrito de Majune, na Província de Niassa, que apresentaria baixa vulnerabilidade social e ambiental. E que o modelo poderia ser replicado, com algumas restrições, no restante das Zonas I, V e VI.

2. Familiar de Alimentos

Seu objetivo seria o de formar e fortalecer agricultores familiares voltados para a produção de culturas alimentares e comerciais. Está previsto o cultivo de mandioca para fins industriais, consorciada com milho, amendoim e algodão. Serão envolvidos mil agricultores e o investimento será público, através da extensão fornecida pelo

IIAM e Serviço Distrital das Atividades Econômicas (SDAE). A unidade industrial para processamento de mandioca será construída com recursos da iniciativa privada.

A região inicialmente recomendada para este grupo é o distrito de Malema, na Província de Nampula. A maior parte do distrito foi definida como sendo de baixa vulnerabilidade social e ambiental, além de possuir bom volume de recursos hídricos e boas condições do solo para o desenvolvimento da agricultura irrigada. A experiência também poderá ser desenvolvida em todas as zonas, se o processamento do milho for considerado como uma opção ao processamento da mandioca.

3. Grãos

Diversas iniciativas serão estruturadas com o objetivo de atrair investimentos, que devem ser públicoprivados, como obras de melhoria da infraestrutura local. O setor público deve ser envolvido por meio de parcerias e concessão de incentivos fiscais.

É recomendada a criação do conglomerado no distrito de Gurué, na Província de Zambézia. A região, segundo o relatório, tem áreas sujeitas a maior vulnerabilidade ambiental. Suas características e localização no Corredor de Nacala oferecem boas oportunidades de integração com os grupos 5 e 7.

4. Caju

O objetivo é estruturar a cadeia produtiva do caju através da formalização do comércio, do aumento da produção da castanha do caju, da agregação de valor ao produto, através de iniciativas públicas e privadas. As técnicas de produção precisam ser melhoradas. As organizações de economia solidária devem ser fortalecidas, com base em uma metodologia participativa, com o objetivo de desenhar uma cadeia produtiva sustentável. O projeto também pretende incentivar o plantio misto com outras culturas agrícolas, além de destinar 50% das áreas para culturas alimentares.

Em princípio, os distritos recomendados são Monapo, Mogovolas, Meconta e Muecate, em Nampula. Na região, atualmente, muitos produtores já cultivam o caju. A região também oferece boa vantagem logística, pois fica próxima à cidade de Nampula, um grande centro consumidor, e perto também do Porto de Nacala.

5. Integrado de Alimentos e Grãos

Visa estruturar a produção de sementes e a cadeia de produção de alimentos, trabalhando com a produção industrial e com os agricultores familiares, com incentivo à criação de associações de pequenos produtores. A produção de sementes será a atividade central, buscando atingir as metas de aumento de produtividade estabelecidas no Plano Diretor. Na fase inicial, haverá uma única empresa na produção de sementes, e os produtores serão a ela integrados sob contrato. Soja, algodão, girassol (cultivados pela empresa), milho, feijão-caupi, amendoim e gergelim (cultivados pelos agricultores familiares) serão os principais cultivos. Além da produção, a empresa será responsável pela aquisição de insumos e maquinário necessários à produção.

Inicialmente, o conglomerado será desenvolvido na Zona III, no distrito de Ribáuè, em Nampula. Poderá ser também desenvolvido nas zonas I, II, V e VI. Há boa infraestrutura, que assegura o escoamento da produção para Nampula e Cuamba, mercados consumidores, permitindo, assim, a distribuição de sementes por todo o Corredor de Nacala.

6. Chá

Este conglomerado será estabelecido em Gurué (distrito cuja província tem o mesmo nome), uma vez que a indústria de chá ali estabelecida é a única do país. O chá Gurué é marca famosa em Moçambique e cerca de 85% do total produzido são exportados. Devido à área agrícola disponível para outras culturas ser limitada na Zona IV, a indústria do chá deve desempenhar papel vital no desenvolvimento da economia local. Para revitalizar a indústria do chá, árvores com mais de 70 anos de idade serão substituídas por mudas de uma variedade melhorada, importadas do Malawi.

Além disso, será promovido pela Associação de Produtores de chá em Gurué um esquema de produção integrada. Um pacote de "reflorestamento" deve ser implantado, uma vez que a indústria do chá consome grande quantidade de madeira no processo de secagem das folhas, e a disponibilidade de lenha é baixa.

7. Infraestrutura Agrícola em Cuamba

Tem por objetivo o desenvolvimento da infraestrutura básica necessária, que inclui a distribuição de produtos e serviços voltados para o desenvolvimento da agricultura e do agronegócio. A atração de investimentos se dará através do estabelecimento de uma Zona Económica Especial (ZEE), que, com esta finalidade, oferecerá incentivos fiscais ao setor privado.

O distrito de Cuamba, em Niassa, na Zona V, deverá sediar o conglomerado pioneiro. A região está estrategicamente localizada no centro do Corredor de Nacala e, atualmente, tem infraestrutura pouco desenvolvida. O conglomerado também pode ser estabelecido nas zonas I, II, III e VI. Espera-se que uma série de iniciativas particulares de instalações agroindustriais, bem como de fornecedores de máquinas, insumos e serviços seja instalada em Cuamba após a criação da ZEE. Ações do governo para o desenvolvimento da infraestrutura social também são esperadas.

Componentes do Plano Diretor

São 32 os projetos que compõem o Plano Diretor. Eles são divididos em duas categorias, de acordo com as características de suas atividades e os produtos esperados: Projetos Plataforma e Projetos Modelo Pioneiros para o Desenvolvimento de Conglomerados.

Para ambos, o critério para seleção daqueles considerados prioritários considera sua importância para atingir as metas de desenvolvimento previstas para cada zona na fase inicial do ProSavana (2014-2020). No caso dos Projetos Pioneiros, são considerados prioritários também aqueles que dependem da participação dos investidores privados.

Projetos Plataforma

Visam criar o ambiente adequado para impulsionar a produção agrícola e agroindustrial, promovendo também o investimento privado. Estes projetos são em sua maioria aqueles a serem implementados ao longo de toda a Zona. Incluem-se também alguns projetos de produção de commodities que visam promover cadeias de valor especializadas em determinada área. Mais adiante, encontram-se detalhadas as características deste projeto e o papel da Embrapa em seu desenvolvimento.

Projetos Modelo Pioneiros para o Desenvolvimento de Conglomerados

São aqueles que iniciam e lideram o desenvolvimento do conglomerado. São implantados e desenvolvidos pelo setor privado, fundamentalmente. Ainda que este tipo de projeto seja implementado inicialmente em uma determinada zona, pode expandir-se amplamente, em alguns casos, para além da mesma. Esses projetos são considerados experiências a serem absorvidas e reproduzidas.

Estágio atual de implementação dos Projetos Piloto

Em setembro de 2012 foi lançado o Fundo para a Iniciativa de Desenvolvimento ProSavana (PDIF), com capita inicial de US$ 750 mil, para financiar uma primeira etapa de atividades empresariais privadas. A origem dos recursos é o Ministério da Agricultura de Moçambique, com fundos provenientes da Ajuda Alimentar (Rodada Kennedy), concedidos pelo Governo japonês.

Uma chamada para apresentação de propostas foi anunciada em setembro e outubro do mesmo ano. Quatorze propostas de empresas do agronegócio foram apresentadas, tendo cinco delas sido selecionadas, em outubro e novembro de 2012. Desde então, estas empresas vêm desenvolvendo o cultivo de milho, soja, feijão e girassol, assim como a multiplicação de sementes, envolvendo agricultores familiares através de contratos de integração, conforme descrito na tabela seguinte.

PDIF – As cinco primeiras empresas selecionadas

Empresa	Distrito	Products	Value (1, 000 MT)
LozaneFarms	Alto Molocue	Sementes (sojaemilho), soja, hortigranjeiros	2,500
Ikuru	MonapoMogovolas	Girassolem Monapoeamendoinsem Mogovolas	2,860
Oruwera	MurrupulaMogovolas	Sementesdemilho, amendoimegirassol	2,800
Matharia	Ribaue	Sojaetomate	1,640
SantosAgrícola	Meconta	Tomate, cebola, alho, repolhoecenoura	1,680

Fonte: ProSavana-PD

Os Projetos de Rápido Impacto (QIPs)

Dentre os projetos definidos como prioritários no Plano Diretor, foram selecionados os chamados Projetos de Rápido Impacto (QIPs, na sigla em inglês). Os QIPs são definidos como aqueles que irão produzir resultados visíveis em curto prazo, como a melhoria da produtividade e o aumento da renda dos beneficiários. O conjunto dos critérios de elegibilidade dos projetos é o seguinte:

QIPs – critérios para seleção dos projetos

1.	Produzir um impacto visível e atraente no curto prazo (1 a 6 anos)
2.	Simplicidade na formulação da estrutura de execução do projeto (pode fácil e rapidamente ser realizado sem trabalho preparatório prolongado)
3.	Nível de impacto na consecução do objetivo de desenvolvimento em conformidade com a estratégia de desenvolvimento zonal
4.	Nível de impacto na consecução do objetivo de desenvolvimento em conformidade com a estratégia de desenvolvimento de um conglomerado
5.	Elevado potencial de desenvolvimento da produção agrícola ou agroindustrial no Corredor de Nacala
6.	Disponibilidade de opções financeiras para a implementação do projeto (especialmente para investimentos privados)
7.	Grau de envolvimento dos agricultores de pequena escala (especialmente para investimentos privados)

Fonte: ProSavana-PD

Espera-se com estes projetos atrair doadores para financiar os projetos propostos no Plano Diretor do Corredor de Nacala. Além disso, eles serão utilizados para dar início às atividades preparatórias para o estabelecimento de conglomerados nas localidades previstas.

Em contraste com os projetos do setor público, os projetos de rápido impacto a serem desenvolvidos pelo setor privado serão autônomos em termos de formulação e implementação, que serão realizadas de acordo com o plano de negócios de cada empresa. No entanto, como a maioria destes projetos espera acessar o esquema financeiro de ProSavana a fim de cobrir os custos de investimento inicial, o órgão executivo do ProSavana deverá coordenar a formulação das atividades destes projetos, juntamente com as empresas do agronegócio e com os órgãos do governo, para assegurar a conformidade com os requisitos para acesso aos financiamentos.

Projetos de Rápido Impacto – Setor Público

	Nome do Projeto	Localização	Zona
1	Registro (DUATs) de terras para médias e pequenas explorações agrárias	- Meplacha e Macoropa, em Cuamba - Chimbonila, Distrito de Lichinga - Nintulo, Distrito de Gurué - Luelele, Distrito de Mandimba	V V IV V
2	Melhoria viária para a comercialização	- Distritos de Gurué e Ngauma	V
3	Promoção da produção de sementes de qualidade em nível regional	- Centro do IIAM no Nordeste de Nampula - Propriedades dos principais produtores de sementes	III V VI
4	Promoção da produção de hortícolas irrigadas com pequenas bombas	- i) Monapo, ii) Meconta, iii) Ribaue - ou Malema e iv) Mandimba	I/II/III/V
5	Replantio de cajueiros	- Meconta, Monapo, Muecate, Nampula	I/II
6	Planejamento de reserva de áreas para investimentos de média e grande escalas	- Iapala, Distrito de Ribaue	III
7	Projeto modelo para produção familiar de imentos	- Distrito de Malema	III
8	Desenvolvimento da zona econômica especial agrícola	- Distrito de Cuamba	V

Fonte: ProSavana-PD

As regiões sede e os grupos beneficiários com potencial para execução dos Projetos de Rápido Impacto serão identificados de acordo com as estratégias de desenvolvimento das zonas e conglomerados, assim como através de uma série de consultas com representantes dos governos distritais e provinciais.

Os investimentos das empresas do agronegócio, já em andamento ou planejados, também são considerados candidatos a estes projetos. Através de entrevistas com representantes destas empresas ou de revisão das propostas apresentadas em outubro de 2012, conforme já mencionado, foram identificados vários projetos com potencial para atender aos requisitos de obtenção de resultados em curto prazo. Estes projetos poderão ser iniciados em futuro próximo, a depender da disponibilidade de recursos para financiá-los.

Projetos de Rápido Impacto – Setor Privado

	Projetos do Setor Privado	Localização	Zona
1	Expansão do setor avícola	- Lichinga	VI
2	Produção de soja sob contrato	- Lichinga	VI
3	Indústria de processamento de mandioca e produção de mandioca e outras culturas sob contrato com agricultores familiares	- Lioma (ou nos distritos de Malema, - Cuamba ou Gurué)	III/V
4	Produção de soja sob contrato	- Lioma, distrito de Gurué	V
5	Produção de sementes sob contrato	- Distrito de Ribaue - Distrito de Mecubri	III I
6	Projeto de revitalização da indústria de chá: promoção da produção de chá sob contrato	- Distrito de Gurué	IV
7	Promoção da produção sob contrato com agricultores familiares de diversas culturas	- Distrito de Meconta (Namialo) - Distrito de Ribaue (Iapala)	I III
8	Construção de indústria para a produção de ração para aves e de farinha	- Distrito de Cuamba	V

Fonte: ProSavana-PD

Aspectos sociais e ambientais dos Projetos de Rápido Impacto

De acordo com o relatório intermediário do Plano Diretor (ProSavana, 2013), considerações mais aprofundadas a respeito dos impactos sociais e ambientais dos QIPs serão apresentadas somente na versão final do Plano Diretor. Os 16 projetos propostos ainda não têm definidos com precisão seus beneficiários, nem sua localização ou magnitude. Por estas razões, não é possível, na etapa atual, dimensionar estes impactos. Neste estágio, o relatório avalia que 6 dos 16 projetos requereriam estudos completos de impacto ambiental ou relatórios simplificados de impacto.

O relatório toma como exemplo o Projeto 6, "Planejamento de reserva de áreas para investimentos de média e grande escalas", cujo escopo abrange apenas pesquisa, delimitação e planejamento da área-alvo. Ações de desapropriação ou reassentamento involuntário em casos eventuais não estão incluídas no projeto. No entanto, assinala que o planejamento mais detalhado pode vir a apontar a necessidade de tais ações.

A expressão "terras disponíveis" constante neste Projeto não significa necessariamente que estas sejam terras livres, sobre as quais ninguém reivindica o direito de uso ou de ocupação. O termo quer dizer, apenas, que estas terras podem, potencialmente, ser disponibilizadas para projetos de investimento mais facilmente do que outras. A existência de direitos dos povos locais ao acesso à terra, à floresta, à água e outros recursos naturais não é ignorada. Além disso, neste QIP, é levado em conta o fato de que que sobreposições e outros erros no cadastro oficial de DUATs têm sido relatados em vários casos, devido à insuficiente coordenação entre as instituições governamentais.

O relatório destaca também que outros QIPs que preveem a utilização do modelo de produção integrada precisarão adotar critérios justos para os agricultores familiares supostamente beneficiários, além de garantia mútua em caso de não cumprimento do contrato.

Ainda de acordo com o relatório, 6 dos 16 projetos apresentam risco potencial de que sua implementação venha a resultar na necessidade de execução de reassentamentos não voluntários. Apesar das incertezas, a versão final do Plano Diretor deverá apresentar termos de referência para a execução destas ações de reassentamento, a serem seguidos tanto pelas instituições públicas quanto pelas empresas privadas. Estes termos, como consta no próprio relatório, devem estar em consonância com a legislação de Moçambique sobre a matéria, cujas principais exigências são:

• Garantir a participação das pessoas ou famílias envolvidas no processo de reassentamento involuntário, reconhecendo e legitimando as organizações e lideranças;

• Preparar um Plano de Reassentamento considerando que o objetivo principal é melhorar as condições de vida das pessoas afetadas;

• Assegurar efetiva compensação das perdas, relativamente à atual situação de vida dos atingidos;

• Garantir assistência durante o processo de deslocamento e assentamento nos lugares selecionados, e

• Assegurar, no mínimo, a manutenção dos atuais padrões de vida (renda, produção, acesso a serviços), e buscar a elevação destes padrões.

Componente 3 – Aperfeiçoamento da extensão agrícola

Este terceiro componente visa estabelecer um modelo de desenvolvimento agrícola inclusivo para as várias escalas de produção, apoiando agricultores e suas organizações, permitindo também o aumento da produção, através da oferta de serviços de extensão agrícola. Tem também por objetivo demonstrar e disseminar modelos de negócios com altos benefícios sociais liderados por empresas e grupos de agricultores.

O ProSavana e o papel da Embrapa em Moçambique

A Embrapa está envolvida, através do chamado Programa Embrapa-ABC Moçambique, em algumas frentes de trabalho que, segundo a empresa, deverão "fortalecer o setor agropecuário daquela nação africana, por meio da adaptação de tecnologias brasileiras às condições específicas do país, do desenvolvimento institucional do Instituto de Investigação Agrária de Moçambique (IIAM) e da capacitação de seu quadro técnico". (Embrapa, s/data)

O programa é composto, além do ProSavana-PI, por dois outros projetos que abrangem as principais áreas agrícolas daquele país.

Plataforma

Projeto de Cooperação Técnica de Apoio à Plataforma para Investigação Agrária e Inovação Tecnológica em Moçambique (PIAIT). Tem por objetivo fortalecer o sistema de pesquisas agropecuárias em Moçambique através dos seguintes instrumentos:

1. Fortalecimento institucional do IIAM;

2. Fortalecimento do sistema de produção de sementes do país;

3. Estabelecimento de um sistema de gestão territorial para a agricultura;

4. Estabelecimento de um sistema de comunicação e informação para transferência de tecnologia;

5. Estabelecimento de um sistema de gestão, acompanhamento, monitoria e avaliação da Pesquisa Agropecuária.

O Projeto é uma cooperação trilateral entre o Brasil, os Estados Unidos e Moçambique. Tem como agências coordenadoras a ABC e a Agência Americana para o Desenvolvimento Internacional (Usaid) e, como executores, a Embrapa e o Ministério da Agricultura de Moçambique. A Embrapa assim enuncia os resultados esperados deste projeto:

• Plano Estratégico de Investigação Agropecuária de Moçambique revisado.

• Planos Diretores dos Centros Zonais elaborados e validados.

• Diretrizes de política para produção e comércio de sementes estabelecidas com fortalecimento do setor.

• Infraestrutura física e de equipamentos revitalizada.

• Recursos humanos de setores do IIAM qualificados.

• Apoio técnico na preparação, edição e implementação de manuais operativos, normas e padrões para o setor de sementes realizado.

• Potencialidades dos recursos naturais para produção agrícola, com indicativos das áreas mais apropriadas a cultivos anuais, perenes e criações analisadas e mapeadas.

ProAlimentos

Projeto de Apoio Técnico aos Programas de Nutrição e Segurança Alimentar de

Moçambique, com a participação do Brasil, Estados Unidos e Moçambique. Visa fortalecer a capacidade técnica em regiões de Moçambique para a produção de hortaliças. Os resultados esperados são:

• Tecnologias, produtos e processos a serem transferidos ao IIAM recomendados.

• Sistemas de produção de hortaliças fortalecidos.

• Capacidade dos sistemas de pós-colheita e processamento agroalimentar estabelecida.

• Técnicos extensionistas e pesquisadores moçambicanos treinados e capacitados.

• IIAM fortalecido.

Para isto, serão treinados profissionais do IIAM e profissionais de extensão rural atuantes nas Direções Provinciais de Agricultura de Maputo e Gaza, além de famílias de pequenos produtores agrícolas das regiões de Moamba e Boane.

O PAA África

O PAA África (*Purchase from Africans for Africa*) é um programa de aquisição de alimentos da agricultura familiar de países da África para fornecimento de alimentos às escolas locais. Liderado pelo Brasil, seu principal financiador, conta com a parceria da FAO (Organização das Nações Unidas para Alimentação e Agricultura), que presta assistência técnica aos produtores; do PMA (Programa Mundial de Alimentos), responsável por adquirir os alimentos; e do DFID (Departamento do Reino Unido para o Desenvolvimento Internacional), que contribui com o componente de aprendizado. O Programa é inspirado na experiência brasileira do PAA (Programa de Aquisição de Alimentos)

O PAA brasileiro é uma das ações do Programa Fome Zero, que visa, na definição oficial, promover o acesso a alimentos às populações em situação de insegurança alimentar e a inclusão social e econômica no campo, por meio do fortalecimento da agricultura familiar. Também contribui para a formação de estoques estratégicos e para o abastecimento de mercado institucional de alimentos, que compreende as compras governamentais de gêneros alimentícios para fins diversos, permitindo ainda aos agricultores familiares que estoquem seus produtos para serem comercializados a preços mais justos.

O Programa propicia a aquisição de alimentos de agricultores familiares, com isenção de licitação, a preços compatíveis com os praticados nos mercados regionais. Os produtos são destinados a ações de alimentação empreendidas por entidades da rede socioassistencial, como restaurantes populares, cozinhas comunitárias e bancos de alimentos, e para famílias em situação de vulnerabilidade social. Além disso, também contribuem para a formação de cestas de alimentos distribuídas a grupos populacionais específicos.

O PAA é desenvolvido com recursos dos Ministérios do Desenvolvimento Social e Combate à Fome (MDS) e do Desenvolvimento Agrário (MDA). Suas diretrizes são definidas por um grupo gestor coordenado pelo MDS, composto por mais cinco Ministérios. É implementado por meio de cinco modalidades, em parcerias com a Companhia Nacional de Abastecimento (Conab), governos estaduais e municipais. Para participar do Programa, o agricultor deve enquadrar-se no Programa Nacional de Fortalecimento da Agricultura Familiar (Pronaf). Em 2012, foram adquiridos alimentos através do PAA, em todo o Brasil, no valor total de R$ 597 milhões, cerca de US$ 300 milhões, envolvendo em torno de 129 mil famílias de agricultores. (Conab, 2013)

Na mesma linha, outra importante iniciativa do governo federal é o PNAE (Programa Nacional de Alimentação Escolar). O PNAE prevê a utilização de, no mínimo, 30% dos recursos repassados pelo Fundo Nacional de Desenvolvimento da Educação – FNDE para alimentação escolar na compra de produtos da agricultura familiar e do empreendedor familiar rural ou de suas organizações. Prioriza os assentamentos de reforma agrária, comunidades indígenas e quilombolas. O FNDE transfere a verba às entidades executoras (estados, municípios e Distrito Federal). Em 2012, o orçamento total do programa foi de R$ 3,3 bilhões. Ou seja, R$ 990 milhões deveriam ser investidos na compra direta de produtos da agricultura familiar.

Para a primeira etapa do PAA África, desenvolvida em 2013, foram selecionados cinco países da África Subsaariana: Etiópia, Malaui, Moçambique, Níger e Senegal. Algumas características são comuns a estes países, além de quadros graves de desnutrição e fome: [1]

• O Programa ainda não foi absorvido pelas estruturas governamentais dos países. É considerado projeto de cooperação e assistência humanitária executado pela FAO e pelo PMA. Não há recursos financeiros para implementação mais autônoma por parte dos governos destes países.

• Os camponeses, que também vivem em condição de miséria, não dispõem,

---

[1] Extraído de Nathalie Beghin, INESC/CONSEA. Notas do Talher de Compartilhamento de Conhecimento Purchase from Africans for Africa – PAA África, Dakar, Senegal, abril de 2013.

em geral, de recursos básicos, essenciais à produção e distribuição: sementes, fertilizantes, implementos agrícolas, energia, água, crédito, assistência técnica e infraestrutura de armazenagem e transporte.

• Em geral, as escolas também carecem da infraestrutura básica necessária. As crianças se alimentam no chão e a merenda é preparada em condições extremamente precárias por mulheres da comunidade. Devido à falta de condições para armazenar, preparar (não existem energia, água, cozinha) e servir (mesas, cadeiras, utensílios), a alimentação escolar consiste em rações de mistura de cereais fortificadas com vitaminas e minerais.

• A participação social praticamente não existe. Os agricultores familiares são considerados meros beneficiários do PAA África. Com raras exceções, as organizações da sociedade civil, quando não são proibidas de atuar, são cooptadas por estes governos.

Em reunião realizada no mês de abril de 2013 em Dakar, no Senegal, os governos dos países beneficiários avaliaram positivamente os efeitos do Programa verificados até aquele momento, destacando os seguintes aspectos: fortalecimento dos agricultores familiares, com aumento da produtividade, diversificação da produção, venda do excedente em melhores condições, melhoria da organização social dos camponeses e da alimentação escolar.

Neste mesmo encontro, o Consea e a Unac enfatizaram a necessidade da presença ativa da sociedade civil, incluídas as organizações de produtores, que devem participar ativamente do processo decisório do Programa, com direito a voz e voto, e não apenas na qualidade de beneficiárias. O Consea, em particular, destacou a importância do aperfeiçoamento das ações do Programa nos seguintes aspectos:

• Substituição da distribuição de produtos fortificados e pré-preparados efetuada pelo PMA (misturas de farinhas fortificadas com vitaminas e minerais que viram papinhas ou tortas) por alimentos frescos.

• Mudança do modelo agrícola posto em prática, baseado no uso intensivo de fertilizantes químicos e pesticidas. Devem ser empregadas práticas sustentáveis de produção e consumo de alimentos que assegurem a diversificação da produção e do consumo, respeitem os princípios da agroecologia e da sociobiodiversidade, desenvolvam sistemas agroflorestais e assegurem uma dieta saudável para os alunos.

Neste sentido, a implantação, através do ProSavana, de grandes áreas de

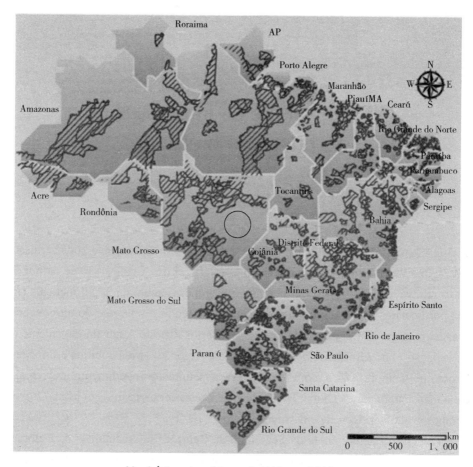

Municípios atendidos pelo PAA em 2012

Fonte: Conab, 2013.

monoculturas, constitui-se em sério obstáculo.

Observando a operação deste modelo no Cerrado brasileiro, constatamos que a monocultura, apropriando-se da terra, contaminando a água e o solo, termina por inviabilizar a produção familiar de alimentos em suas áreas de ação. Nestas áreas, 90% dos alimentos consumidos pela população local precisam ser trazidos de regiões distantes. E, nestas condições, programas de qualidade como o PAA e o PNAE se tornam muitas vezes inoperantes, como mostra a figura a seguir.

O ProSavana e os interesses do agronegócio brasileiro

A terra em Moçambique é propriedade do Estado. No entanto, ela pode ser usada em regime de concessão, que está aberto a estrangeiros. A concessão se dá por 50 anos, renováveis por outros 50, mediante um imposto anual de 37,50 meticais (R$ 21) por hectare. Este e outros fatores vêm despertando o interesse do agronegócio brasileiro, como bem ilustra uma declaração Carlos Ernesto Augustin, presidente da Associação Mato-Grossense dos Produtores de Algodão: "Moçambique é um Mato Grosso no meio da África, com terra de graça, sem tanto impedimento ambiental e frete mais barato para a China. Hoje, além de a terra ser caríssima em Mato Grosso, é impossível obter licença de desmate e limpeza de área."

E Francisco Basílio, chefe da Secretaria de Relações Internacionais da Embrapa completa: "Nessa região, metade da área é povoada por pequenos agricultores, mas a outra metade é despovoada, como existia no oeste da Bahia e em Mato Grosso nos anos 80." [1]

Por razões como estas, o desenvolvimento do ProSavana vem sendo acompanhado de perto por representantes do empresariado vinculado ao agronegócio. Foram promovidas diversas atividades no Brasil, no Japão e em Moçambique, para apresentação do Programa. Chichava et al. (2013) mencionam como exemplo o seminário *Agronegócio em Moçambique: Cooperação Internacional Brasil–Japão e Oportunidades de Investimento*, realizado em São

---

[1] Patrícia Campos Mello. Moçambique oferece terra à soja brasileira. http://www1.folha.uol.com.br/fsp/mercado/me1408201102.htm.

Paulo em abril de 2011. No seminário estavam presentes, entre outros, os Ministros Marco Farani, da ABC, e Wagner Rossi, ex-Ministro da Agricultura. Uma das palestras, intitulada *A Internacionalização do Agronegócio Brasileiro*, foi ministrada pela Senadora Kátia Abreu, presidente da Confederação Nacional da Agricultura e Pecuária (CNA) e pelo Presidente do Conselho Superior do Agronegócio (COSAG), braço da Federação das Indústrias do Estado de São Paulo (FIESP) voltado para o agronegócio. Também falaram representantes do governo moçambicano, da JICA, do Banco Mundial, além de empresários brasileiros e japoneses (da Mitsubishi Co.).

Os primeiros agricultores e as primeiras empresas

Em seguida a estes eventos, mais de cem agricultores brasileiros, em sua maioria do estado do Mato Grosso, visitaram Moçambique. Em 2010, a senadora Kátia Abreu, na qualidade de presidente da CNA, também visitou aquele país. Segundo autoridades moçambicanas, não há ainda investimentos assegurados. Contudo, investidores brasileiros já iniciaram parcerias com moçambicanos e portugueses, como é o caso da Agromoz, que recentemente iniciou atividades que visam à produção de soja, algodão e milho em Gurué, distrito da província de Zambézia.

Em setembro de 2011 foi anunciado que a primeira leva de 40 agricultores partiria de Mato Grosso rumo a Moçambique, organizada pela Associação Mato-Grossense dos Produtores de Algodão (Ampa). A missão se daria após convite do ministro da Agricultura de Moçambique, José Pacheco, que afirma: "Os agricultores brasileiros têm experiência acumulada que é muito bem-vinda. Queremos repetir em Moçambique o que eles fizeram no Cerrado 30 anos atrás. A grande condição para os agricultores é ter disposição de investir em terras moçambicanas. É preciso empregar 90% de mão-de-obra moçambicana".[1]

Em abril de 2012, um grupo de empresários e representantes de governo visitou Nampula e Niassa e desenvolveu conversações em Maputo. O número total de participantes foi de 55: 19 do Japão, 16 do Brasil e 20 de Moçambique. Eles representaram oito grandes empresas de comercialização em larga escala e

---

[1] Agência EFE. Moçambique quer agricultores brasileiros produzindo no país. http://revistagloborural. globo.com/Revista/Common/0,,EMI257494-18077,00-MOCAMBIQUE+QUER+AGRICULTORES+B RASILEIROS+PRODUZINDO+NO+PAIS.html.

uma empresa japonesa de engenharia, uma fábrica no Brasil, o setor público e proprietários rurais no Brasil.

Em 2012, a SLC, empresa brasileira que tem uma das maiores áreas de plantio de grãos do Brasil, anunciou que também pretendia plantar soja em Moçambique, iniciando a produção em escala comercial a partir da safra 2015/2016. A empresa, no entanto, anunciou em fevereiro de 2013 ter desistido de seus projetos de expansão para além das fronteiras do país, por acreditar que ainda há muito potencial de crescimento a ser explorado no Brasil.[1]

---

[1]   Fabiana Batista. SLC Agrícola confirma planos de crescimento. http://www.mzweb.com.br/ SLCAgricola2009/web/conteudo_pt.asp?idioma=0&tipo=31013&conta=28&id=168382

Camponeses moçambicanos em alerta

Através de uma declaração divulgada em outubro de 2012, a Unac afirma sua forte preocupação com os fundamentos do ProSavana e ausência de um processo transparente e participativo de formulação do Programa, que exclui as organizações camponesas e outras, representantes da sociedade civil moçambicana. Sobre a anunciada presença do agronegócio brasileiro, afirma:

"Condenamos a vinda em massa de agricultores brasileiros que se dedicam ao agronegócio, transformando camponesas e camponeses moçambicanos em seus empregados e em trabalhadores rurais". [1]

Sobre o Programa como um todo, destacamos algumas das preocupações expressas no documento:

- Reassentamentos não voluntários e expropriação de terra dos camponeses, para dar lugar a megaprojetos de monoculturas;
- A demanda por milhões de hectares de terra, quando a realidade mostra a indisponibilidade dessas áreas, hoje utilizadas por camponeses com técnica de pousio;
- O surgimento de Comunidades Sem Terra em Moçambique, como resultado dos processos de expropriações de terras e reassentamentos;
- Empobrecimento das comunidades rurais e redução das alternativas de sobrevivência;
- Poluição dos recursos hídricos, como resultado do uso de pesticidas e fertilizantes químicos, bem como o empobrecimento dos solos;
- Desequilíbrio ecológico como resultado do desmatamento de extensas áreas florestais para dar lugar aos projetos de agronegócio.

---

[1] Pronunciamento da Unac sobre o Programa ProSavana. http://www.unac.org.mz/index.php/7-blog/39-pronunciamento-da-unac-sobre-o-programa-prosavana.

O modelo agrícola do Cerrado brasileiro

A partir do início dos anos 1970, o Estado pôs em prática diversos programas de desenvolvimento do Cerrado, baseados em uso intensivo de tecnologia e capital e no preço baixo das terras, favoráveis à mecanização. Em pouco tempo, o Cerrado adquiriu grande importância na produção agrícola brasileira. Esses projetos tiveram como polo irradiador o oeste de Minas, espalhando-se gradativamente, até os dias atuais, para os outros estados incluídos na área do bioma (Ribeiro, 2002). Dentre estes, o Programa de Desenvolvimento dos Cerrados (Polocentro) e o Prodecer são considerados os programas de maior importância na região.

Destaca-se também a criação, em 1973, da Embrapa. Seu objetivo era criar e difundir tecnologia, visando o aumento da produtividade no setor agrícola, aumentando os excedentes exportáveis (Oliveira, 2000). Em 1975, seriam criadas a Embrapa Soja e a Embrapa Cerrados, que contribuiriam em seguida para o desenvolvimento de sementes adaptadas ao clima tropical, viabilizando a extensão da produção às regiões Centro-Oeste, Norte e Nordeste.

Baseado na concepção de polos de crescimento, o Polocentro, criado em 1975, selecionou 12 áreas de Cerrado nos estados de Minas Gerais, Goiás, Mato Grosso e Mato Grosso do Sul com alguma infraestrutura e bom potencial agrícola. Essas áreas receberam recursos para investimentos em melhoria da infraestrutura, enquanto fazendeiros dispostos a ali cultivar puderam participar de um programa extremamente generoso de crédito subsidiado, sendo que 25% dos recursos eram destinados à pesquisa agropecuária, assistência técnica, armazenamento, transportes e eletrificação rural. Dessa forma, o programa incorporou em cinco anos três milhões de hectares do Cerrado em lavouras, pastagens e reflorestamentos, podendo ser considerado aquele de maior impacto sobre a agricultura neste bioma. (Fleury, 2007)

Outro fator importante, ao lado do desenvolvimento tecnológico, foi o crédito agrícola. As linhas de crédito do governo estavam atreladas à compra de insumos modernos, ampliando a dependência do setor agrícola ao da produção de insumos. O Estado fornecia incentivos e subsídios e, assim, criava demanda para os produtos do complexo agroindustrial. Durante esse período, as grandes fazendas eram consideradas mais adequadas à modernização que as pequenas propriedades e, por isso, contavam com privilégios creditícios. (Oliveira, 2000)

Beneficiando estes setores, a ação do Estado na capitalização da região provocou, também, mudanças em sua estrutura fundiária e produtiva, a partir da especialização em alguns produtos agrícolas, com ênfase nos grãos e na pecuária intensiva e mudanças nas relações de trabalho, em que a mão de obra temporária passou a predominar.

Embora o Polocentro tivesse fixado que 60% da área explorada deveriam ser destinados às lavouras, houve uma nítida tendência à pecuarização das atividades produtivas, pouca diversificação de cultivos e concentração na produção da soja. Por outro lado, não ocorreu incremento da mão de obra, apesar da grande extensão das áreas. Pelo contrário, houve decréscimo na relação entre pessoal ocupado e área cultivada.

Do ponto de vista da estrutura fundiária, ocorreu redução das pequenas propriedades, levando à aceleração da decadência do pequeno produtor rural. A introdução de culturas como soja, café e trigo e a implementação da infraestrutura elevaram o preço das terras. Nesse sentido, estes programas transformaram-se em reforço às condições estruturais de desigual distribuição de terras e de renda nas regiões onde atuou, não oferecendo alternativas para atingir, na origem, o problema da ocupação e da migração rural. (Oliveira, 2000)

A partir de 1979, o Polocentro começou a ser desativado, e alguns autores afirmam que esse fato relaciona-se com a aceleração das negociações entre os governos brasileiro e japonês para a implantação do Prodecer.

O Prodecer

Dentre os diversos programas de desenvolvimento da agropecuária do Cerrado no período aqui analisado, o Prodecer é considerado, por suas características particulares, aquele que mais contribuiu para a institucionalização do modelo de produção agrícola altamente tecnificado hoje predominante nesta região do Brasil.

O Japão é um país fortemente dependente de importações de produtos agrícolas. No caso da soja, aquele país importa em média 90% de suas necessidades, voltadas basicamente para a alimentação de animais criados em regime de confinamento. No início dos anos 1970, sob uma seca prolongada, o governo dos Estados Unidos, maior produtor e exportador mundial de soja, decidiu impor um embargo às exportações do produto, privilegiando o abastecimento de seu mercado doméstico, causando não só escassez, mas também uma disparada dos preços no mercado internacional da soja.

O governo japonês decidiu, a partir daí, investir na ampliação da oferta mundial do produto, diversificando suas fontes de abastecimento, o que contribuiria para a estabilidade de preços no mercado internacional. A estratégia do Japão é simples e já ocorreu no Brasil também com outros produtos, como o alumínio na região Norte. Através da disponibilidade de créditos, os japoneses estimulam a ampliação da oferta de produtos de seu interesse no mercado mundial, fazendo com que o preço internacional diminua.

No caso do Prodecer, interessava ao governo brasileiro, em primeiro lugar, a entrada do investimento estrangeiro para proporcionar maior equilíbrio ao balanço de pagamentos. Neste mesmo sentido, o Brasil se interessava na expansão de sua produção e exportação de grãos, e na consequente entrada de divisas.

Para viabilizar a produção de grãos, era necessário não só o capital japonês, mas também a cooperação técnica, que visava superar as restrições tecnológicas que inviabilizaram, até aquele período, a produção de grãos em larga escala hoje característica da região. Assim, o objetivo do programa foi o de estabelecer áreas de produção que pudessem abastecer o mercado internacional, como forma de regular a oferta de produtos e, consequentemente, forçar a queda de seus preços, com especial ênfase na soja. O programa seria desenvolvido com a participação de capitais públicos e privados de ambos os países.

Como mostra Inocêncio (2010), o Brasil já havia implantado, além do Polocentro, o Programa de Assentamento Dirigido do Alto Paranaíba (PADAP) e o Programa de Crédito Integrado do Cerrado (PCI). Possuía, portanto, uma infraestrutura básica, o que reduzia os custos dos investimentos, que se direcionaram prioritariamente para o preparo do solo. O sistema de escoamento da produção ficou a cargo dos governos brasileiros, principalmente no nível estadual. Houve também melhoria da malha intermodal nacional ao longo dos anos subsequentes, através de financiamentos japoneses, mas, a princípio, todo o dinheiro investido tinha a finalidade de aumentar a produção de grãos, com destaque para a soja, mas incluindo também sorgo e milho.

Em 1978 foi fundada a empresa holding japonesa, que recebeu a denominação de Japan-Brazil Agricultural Development Cooperation (Jadeco), sediada em Tóquio. Em outubro do mesmo ano, foi instituída a holding brasileira, denominada Companhia Brasileira de Participação Agroindustrial (Brasagro), sediada em Belo Horizonte-MG. Com investimento de 49% da Jadeco e de 51% da Brasagro, foi fundada, em novembro de 1978, a empresa coordenadora da implantação do programa, a Companhia de Promoção Agrícola (Campo). [1]

Assim estruturado, o Prodecer assegurou a presença direta do governo japonês em vários níveis do programa, como a seleção de áreas, a concessão de créditos, o monitoramento das atividades produtivas e a avaliação de desempenho. Como os programas anteriores, este também se utiliza do instrumento de crédito supervisionado aos colonos selecionados para a composição dos núcleos agrícolas estabelecidos pelos responsáveis pelo programa.

---

[1] CAMPO. Prodecer. http://tempuscomunicacao.com/campo/proceder/.

O Prodecer atuou na seleção de áreas para a instalação dos projetos; na seleção de colonos, geralmente provenientes das regiões Sul e Sudeste do país; na organização da produção (tipos de lavouras e tecnologias utilizadas); na organização dos produtores, por meio do incentivo à criação de cooperativas (geralmente vinculadas a outras, maiores, tais como a extinta Cotia); na organização da comercialização; no assessoramento aos governos federais e estaduais para a instalação da infraestrutura requerida, como transporte, energia e comunicação. (Oliveira, 2000)

Quanto à prioridade estabelecida para os agricultores experientes das regiões Sudeste e Sul do país, Ribeiro (2005) observa: "O colono do Cerrado não é o migrante nordestino ou o minifundiário ou sem-terra do Sul, mas agricultores selecionados pela sua capacidade empresarial e potencialidade de implantar todo o pacote tecnológico, que já vinha sendo desenvolvido para a exploração agrícola daquela região" (Ribeiro, 2005).

O Prodecer se desenvolveu em três distintas etapas. A primeira (Prodecer I) foi iniciada em 1980, por meio de projetos de colonização e empresas de capital misto nos municípios de Coromandel, Iraí de Minas e Paracatu, no estado de Minas Gerais, em uma área de 70 mil hectares. A segunda fase é subdividida em duas etapas, a piloto e a de expansão, sendo implantada em Minas Gerais, Goiás, Mato Grosso, Mato Grosso do Sul e Bahia a partir de 1985, superando os 200 mil hectares. O Prodecer III, iniciado em 1993, foi desenvolvido nos estados do Maranhão e Tocantins, respondendo pela ocupação de 40 mil hectares em cada um dos projetos.

Todos esses programas e políticas públicas fizeram com que o Brasil se tornasse um dos maiores produtores de grãos e de carnes do mundo. No caso da soja, pode-se observar a participação crescente da produção na região do Cerrado, durante a vigência destes programas, no total da produção brasileira.

Uma característica especial do Prodecer foi a falta de transparência de suas atividades. Marcado pelo signo da ditadura militar, vigente em quase todo o período em que foi negociado, o Prodecer não estabeleceu consulta aos setores sociais sobre sua continuidade e suas estratégias.

Pelo lado do Japão, o objetivo maior de reforçar a oferta internacional de soja foi alcançado. Além disso, o programa foi um instrumento de cooperação técnica que permitiu aos parceiros japoneses conhecimento científico sobre uma das maiores áreas do mundo que são as savanas, neste caso o Cerrado. Do lado

Contribuição do Cerrado na produção de soja no Brasil, de 1970 a 2003

Ano	Produção (1.000 t)		Participação do
	Brasil	Cerrado	Cerrado (%)
1970	1.509	20	1,4
1975	9.893	434	4,4
1980	15.156	2.200	14,5
1985	18.278	6.630	36,3
1990	19.850	6.677	35,2
1995	25.934	12.586	48,5
2000	31.644	15.670	49,5
2002	82.628	52.038	63,0

Brasil: projetos do Prodecer I, II e III

brasileiro, constituiuse em fonte de divisas para o investimento interno em uma área promissora para o agronegócio. (Oliveira, 2000)

Outros programas desenvolvidos com o Japão no período

A soja e outros grãos não foram as únicas commodities que atravessaram crises de oferta e disparadas de preços no mercado internacional. As duas crises mundiais do petróleo, em 1973 e 1978, trariam problemas também para o Japão, grande consumidor de insumos cuja produção exige considerável volume de energia. E, através da JICA, o Japão investiria, da mesma maneira como fez no caso do Prodecer, na ampliação da produção no Brasil de outras commodities, assegurando a redução do preço internacional destes produtos e, ao mesmo tempo, o abastecimento de suas indústrias. Destacam-se dentre estes projetos os da celulose, do aço e do alumínio, conforme descreve a própria JICA (2009):

Celulose Nipo–Brasileira (Cenibra).

No início da década de 60 o Japão viu sua demanda por papel crescer e enfrentava o problema da instabilidade no abastecimento de matéria-prima. As atenções se voltaram então para o eucalipto brasileiro, como possível fonte de abastecimento estável e de longo prazo. Foi lançado, então, pela Companhia Vale do Rio Doce (atual Vale) e várias empresas japonesas, um projeto conjunto, sendo criada, em 1973, a Celulose Nipo-Brasileira S.A. (Cenibra). A celulose produzida pela empresa é branca, de alta qualidade e baixo custo, possuindo alta competitividade internacional.

Albras e Alunorte: Alum í nio da Amazônia.

Em 1967 foi descoberto um grande depósito de bauxita à montante do Rio

Amazonas, tendo sido solicitada cooperação do Japão para promover sua exploração, processamento e exportação. Para o Japão, isso ia de encontro ao seu interesse em garantir matéria-prima estável e diversificar as fontes de abastecimento. Assim, foram criadas, também em conjunto com a Vale, a Alumínio Brasileiro S.A. (Albras), empresa de refino de alumínio, e a Alumina do Norte do Brasil S.A. (Alunorte), empresa produtora de alumina. Atualmente, 10% do minério de alumínio importado pelo Japão provêm da Albras. Além disso, um porto foi construído próximo às duas indústrias, o Porto de Vila do Conde, que permite a ancoragem de navios de 40 mil toneladas, que contou com a cooperação financeira reembolsável (empréstimo ODA) do Japão para a sua construção. Em 2010, a Vale vendeu sua parte no negócio à norueguesa Norsk Hydro.

Usiminas

O plano de industrialização do governo Kubitschek previu a construção de usinas siderúrgicas nacionais para dobrar a produção de aço em cinco anos e, para tanto, foi solicitada cooperação técnica e financeira do Japão. Para aquele país, as expectativas eram o ingresso da indústria siderúrgica japonesa no exterior e o aumento da exportação de sua marca, assim como o fortalecimento das relações com o Brasil, o que acabou resultando na nipo-brasileira Usinas Siderúrgicas de Minas Gerais S.A. (Usiminas), inaugurada em 1962 com a cooperação nos aspectos financeiro, tecnológico e de equipamentos.

A JICA

Muito antes do término do Prodecer, as atividades de cooperação entre o Brasil e o Japão iniciariam uma nova etapa, visando à expansão destas atividades em outros países. Fundada em 1974, a JICA é a agência do governo japonês responsável pela Assistência Oficial para o Desenvolvimento (do Inglês ODA), que hoje atua em mais de 150 países. A Agência é atualmente responsável por três formas de assistência internacional:

• Cooperação Técnica, através do envio de peritos, doação de equipamentos e promoção de treinamento no Japão. São desenvolvidos também projetos de pesquisas conjuntas entre as instituições científicas dos países parceiros.

• Empréstimo ODA, com juros favorecidos. O Japão realiza cooperação financeira com o Brasil desde 1981. Já foram executados projetos nas áreas de infraestrutura portuária, transporte, irrigação, eletrificação, água e esgoto, etc.

• Cooperação Financeira Não Reembolsável em diversas áreas, tais como meio ambiente, agricultura, infraestrutura e saúde.

Áreas prioritárias de Cooperação com o Brasil

Em conjunto com o governo brasileiro, a JICA definiu como prioritárias para fins de cooperação as seguintes áreas: (JICA, 2011)

1. Meio Ambiente (medidas contra mudanças climáticas e ordenamento do meio ambiente urbano). A JICA informa que vem atuando: (1) em medidas contra mudanças climáticas, através da conservação dos ecossistemas e uso sustentável dos recursos naturais (conservação da Floresta Amazônica, produção

de biocombustíveis, etc.); (2) no combate aos problemas de meio ambiente urbano, como poluição atmosférica causada por congestionamentos ou poluição da água.

2. **Desenvolvimento Social** (redução das desigualdades). A JICA, segundo a própria agência, vem realizando cooperação visando à redução da desigualdade através de ações de desenvolvimento agrícola no Cerrado e Caatinga (semiárido), e de melhoria da segurança e da saúde nos centros urbanos.

3. **Promoção da Cooperação Triangular.** A JICA também afirma promover a Cooperação Triangular, a partir dos recursos e do know-how que o Brasil e o Japão detêm para prestar assistência a terceiros países em desenvolvimento. Brasil e Japão executam esta cooperação desde 1985, sobretudo para o desenvolvimento da capacidade institucional na América Latina, África e, mais recentemente, também na Ásia. Os dois países lançaram naquele ano o Programa de Treinamento para Terceiros Países (TCTP), para que fosse executado, prioritariamente, em países da América do Sul e Central, países africanos de língua portuguesa e o Timor Leste, com os custos divididos entre o Japão e o Brasil. (ABC e JICA, 2010)

Programa de Parceria Japão-Brasil (PPJB)

Em 2000 os dois países celebraram o Programa de Parceria Brasil-Japão (PPJB), para estimular a cooperação triangular, com atenção especial na América Latina e nos países africanos de língua portuguesa, priorizando áreas como mudanças climáticas, doenças infecciosas, segurança alimentar, segurança pública, entre outros. Os projetos a serem desenvolvidos são acordados anualmente em seu Comitê de Planejamento, composto por representantes da ABC e da JICA. O primeiro país a hospedar estes projetos foi Angola, em 2007. Estão em vigor naquele país, atualmente, o Programa para o Fortalecimento do Sistema de Saúde de Angola (ProFORSA) e o Programa de Formação Profissional na Área de Construção Civil de Angola (ProMOCC).

Pesquisas em andamento na parceria Brasil-Japão

Etanol de cana
Está em andamento pesquisa conjunta com o objetivo de contribuir para consolidar técnicas que extraiam o etanol a partir de partes não comestíveis da cana-de-açúcar, como o bagaço ou folhas secas. Pelo lado brasileiro, atuam as Universidades Federais do Rio de Janeiro e de Santa Catarina. Pelo lado japonês, o Centro de Pesquisa de Biomassa do Instituto Nacional de Ciência e Tecnologia Industrial Avançada.

Soja transgênica resistente à seca
A soja ocupa lugar de destaque entre os estudos para a obtenção de variedades resistentes à seca, especialmente por ser o principal grão cultivado no país, com expectativa de colheita de mais de 80 milhões de toneladas na safra 2012/2013 (Conab, 2012). As pesquisas tiveram início em 1990, por iniciativa da Embrapa

Soja, de Londrina, PR, que começou a trabalhar com variedades convencionais, mas logo passou à transgenia, técnica que ganhava força no final daquela década. Os estudos tomaram um rumo decisivo a partir de 2003, com a parceria entre o órgão brasileiro e a Japan International Research Center for Agricultural Sciences (Jircas), empresa de pesquisa vinculada ao governo japonês.

Foram os japoneses que, no final da década de 1990, patentearam o gene denominado Dreb (sigla em inglês para proteína de resposta à desidratação celular), que codifica uma proteína e aciona as defesas naturais da planta contra a perda de água. Bahia e Mato Grosso do Sul, além dos estados da região Sul, devem figurar entre os alvos de cultivares desta soja mais resistente à estiagem, que deve estar disponível aos agricultores por volta de 2016. No caminho da internacionalização dos estudos, a Embrapa Soja assinou em 2010 um projeto com a JICA. O objetivo é testar o gene Dreb e outros que possam conferir à planta resistência à seca e ao calor. O Brasil participa ainda da segunda fase do sequenciamento do DNA da soja, na qual os pesquisadores procuram identificar a função de cada gene no desenvolvimento do grão. [1]

Não é apenas na soja que vem sendo testado o gene Dreb no Brasil: também algodão, cana, milho e feijão foram incluídos na parceria com o Jircas, ao final de 2007. No caso do feijão, que possui grande importância na dieta nutricional dos brasileiros e do qual o país é o maior produtor mundial (estima-se uma safra de 3,3 milhões de toneladas no ciclo 2012/2013), há três outros genes que estão sendo analisados para verificar o nível de resistência ao déficit de água. Regiões como o sul da Bahia, norte de Minas Gerais, Goiás, São Paulo e Mato Grosso estariam entre aquelas destinadas à oferta de uma variedade de feijão resistente à estiagem.

---

[1] Mariana Caetano. Grãos com menos sede. Globo Rural, 15/03/10. Disponível em http://revistagloborural. globo.com/GloboRural/0,6993,EEC1709230-2454,00.html, acesso em 05/09/12.

A cadeia produtiva do agronegócio

A produção agrícola sob a forma de grandes áreas de monoculturas, como no caso da soja e do milho, não atrai apenas a presença de grandes fazendeiros. Estão presentes na cadeia produtiva destas culturas grandes empresas multinacionais, dedicadas à produção de máquinas, equipamentos e insumos agrícolas. São elas que se apropriam da maior parte da renda gerada a partir da produção agrícola.

As principais empresas da cadeia produtiva da soja são quatro grandes multinacionais, que comercializam os grãos adquiridos de agricultores: Bunge, Cargill, ADM (norte-americanas) e Dreyfus (francesa). Juntas, elas compram cerca de dois terços da soja produzida no Brasil. Em 2010, Bunge, Cargill e ADM foram responsáveis por quase 60% das exportações brasileiras de soja. As empresas nacionais do setor têm participação mais reduzida, destacando-se a Amaggi, Coamo e Caramuru.

É crescente a participação das quatro multinacionais na produção do biodiesel elaborado a partir do óleo de soja. Bunge e Cargill são as duas maiores produtoras. Elas estão presentes em todos os países exportadores de soja, e serão certamente as principais beneficiárias da expansão da produção em novas áreas. Estados Unidos, Brasil e Argentina respondem por 90% das exportações mundiais de soja.

No fornecimento de plantas industriais produtoras de biodiesel, apenas duas empresas, a Somar e a Tecbio, trabalham com tecnologia brasileira. Duas outras empresas nacionais trabalham em associação com estrangeiras que respondem pela tecnologia: a Tecnial, com a americana, CIW, e a Dedini, com a DesmetBalestra, francesa. Destacam-se também a Conneman (americana), a Lurgi (alemã) e BDI (austríaca).

Os principais fabricantes de máquinas agrícolas são a norte-americana John Deere e a italiana Case New-Holland. Em janeiro de 2012, a multinacional americana AGCO anunciou a compra de 60% das ações da brasileira Santal Equipamentos, fabricante de colheitadeiras e implementos para o setor sucroalcooleiro. A AGCO é líder no mercado brasileiro de tratores, com mais de 50% de participação. Na América do Sul, a empresa fatura aproximadamente R$ 3,2 bilhões.

O plantio da soja é responsável por cerca de 45% do valor do consumo de agrotóxicos no Brasil, e o da cana, por aproximadamente 10% do total. A indústria brasileira de fertilizantes químicos sofreu um significativo processo de consolidação nos últimos anos, onde pequenas empresas regionais foram adquiridas, perderam participação ou saíram do mercado. No segmento de agrotóxicos e fertilizantes, as três maiores empresas também são estrangeiras: a Bunge Fertilizantes (norte-americana), a Bayer e a Basf (alemãs). O segmento de fertilizantes passou a ser controlado por um oligopólio privado, composto por três multinacionais: Hydro/Yara (norueguês), Bunge/Fosfértil (holandesa) e Cargill/Mosaic (americana). Juntas, essas empresas dominam 90% do mercado. Dentre as dez maiores, somente duas (Heringer e Ultrafértil) são brasileiras.

As seis maiores empresas produtoras de agrotóxicos-Basf, Bayer, Dow, Dupont, Monsanto e Syngenta – controlam hoje 66% do mercado mundial. E, no Brasil, as dez maiores empresas foram responsáveis por 75% da venda nacional de agrotóxicos na safra 2011/2012.

Também é crescente a participação de multinacionais no fornecimento de sementes. No caso da soja, as norte-americanas Monsanto e Dupont, a suíça Syngenta e a alemã Basf dominam o mercado. A Embrapa mantém parcerias com a Monsanto e a Basf. A Syngenta destinou em 2010 US$ 100 milhões ao desenvolvimento de quatro plantas de cana transgênica para o mercado brasileiro. Os investimentos da Monsanto não ficam abaixo desse patamar. Já a Embrapa reparte entre cinco culturas (cana, soja, milho, algodão e eucalipto) um orçamento de R$ 4 milhões em pesquisa, ao longo de três anos. A primeira variedade brasileira de cana transgênica, lançada em 2011 pela Embrapa, está em análise. O governo, temendo que as empresas multinacionais monopolizem o mercado das sementes de cana, pretende reforçar o orçamento da Embrapa, para ampliar as pesquisas nesta área.

Comentários finais

O Corredor de Nacala é um territ ó rio de camponeses:

A versão atual do Plano Diretor e artigos publicados na imprensa descrevem o Corredor de Nacala como uma região pouco povoada e com terras livres e disponíveis para serem ocupadas por uma agricultura "moderna". Discurso semelhante foi adotado nos anos 80 no Cerrado brasileiro, por ocasião da implantação do Prodecer. Na realidade o Cerrado, hoje um oceano de monocultivos de larga escala envenenados por agrotóxicos e voltados para exportação, e por isso quase despovoado, era antes território de populações tradicionais, camponeses, indígenas e quilombolas. A província de Niassa é considerada pelos estudos técnicos contratados pelos três governos como de baixa densidade populacional e, portanto, disponível para a implantação de extensos monocultivos, como soja e milho para ração animal. Porém, camponeses que lá vivem afirmam que a província é toda povoada, exceto nas montanhas, e que a população camponesa está concentrada na área destinada aos grandes investimentos agrícolas, florestais e mineiros. Nampula e Zambezia estão entre as províncias mais populosas do país. Os camponeses asseguram que do centro do Corredor de Nacala até Nampula não existe área contínua com mais de dez hectares desocupada.

A perda e expulsão de suas terras e o anúncio de reassentamentos são riscos reais e iminentes para os camponeses:
A questão da terra em Moçambique é refletida de uma forma soberana, do povo, tal como refere a Constituição da República no seu art. 109, complementada pela

Lei de Terras de Moçambique, Lei n.º 19/97, de 1º de Outubro, que é clara quanto ao direito de uso da terra, que é pública. No seu artigo 3º, a Lei de Terras estabelece que a terra é propriedade do Estado e não pode ser vendida ou, por qualquer outra forma, alienada, hipotecada ou penhorada. Não obstante a clareza destes dispositivos legais com relação à necessidade de proteção dos direitos das comunidades sobre a terra, a prática mostra a ineficácia em seu cumprimento, o que tem degenerado em conflitos de terras envolvendo, na sua maioria, investidores privados e comunidades locais, traduzindo-se em risco de perda de acesso e posse de terras por estas comunidades. Apesar das declarações de representantes dos governos afirmando que o ProSavana não proporá alterações na Lei de Terras, a entrada de gigantescos investimentos privados em um território onde a terra é pública, poucas comunidades têm documentação registrada, e em um cenário onde a terra tem sido oferecida aos investidores em regime de concessão por décadas e praticamente de graça, significa riscos reais para os camponeses. Porém, embora a Lei de Terras consagre direitos consuetudinários sobre a posse e o uso da terra pelas comunidades, tais direitos têm sido sistematicamente violados nos últimos 15 anos.

Há também o grave precedente na província de Tete, onde as comunidades foram expulsas de suas terras para a exploração da mina de carvão adquirida pela Vale, apesar de possuírem documentação. Além da Lei de Terras, a legislação sobre sementes e uso de transgênicos também pode sofrer alterações visando facilitar a entrada de transnacionais do setor. Ações neste sentido estão em curso através da Nova Aliança para a Segurança Alimentar e Nutricional em África, uma iniciativa das oito economias mais desenvolvidas à qual Moçambique aderiu, traduzida ao nível doméstico em uma política nacional designada Plano Nacional de Investimento do Setor Agrário (PNISA), lançada em abril de 2013.

Diante dos grandes vazios de informação sobre como ficará a situação fundiária, as dúvidas e temores sobre reassentamentos e indenizações são a regra nas comunidades. O êxodo da população, majoritariamente rural, para as cidades, é um grande risco que aponta para o agravamento da situação de insegurança alimentar do país e redução da qualidade de vida dos camponeses deslocados.

Estudo realizado pela ORAM afirma que "em matéria de segurança de posse da terra a grande maioria da população rural não possui os seus DUATs formalmente registrados. 61% da área de terra sobre a qual o Programa ProSavana incidirá na província de Nampula não se encontra registrada. É oficialmente sabido por todas as partes responsáveis pela implementação do Programa que isso não significa que tal quantidade de terra esteja disponível para ser atribuída a novos requerentes. Pelo contrário, representa a existência do grande desafio de insegurança da posse de terra por parte da maioria das populações locais." Em um país onde "cerca de 70% dos seus 23 milhões de habitantes residem em áreas rurais e por volta de 76% da população economicamente ativa dedica-se predominantemente à agricultura, pecuária, pesca e caça", pode-se imaginar os imensos riscos e impactos que a maioria da população sofrerá com a chegada de massivos investimentos externos às suas terras não documentadas. "De um modo geral foi possível perceber que as comunidades locais estão abertas e desejam receber investimentos. No entanto, existe igualmente a nível local um grande receio que as comunidades sejam removidas das suas terras para outras áreas por falta de formalização dos seus DUATs para dar lugar aos empresários agricultores brasileiros e japoneses. Os exemplos dos reassentamentos realizados no contexto da indústria extrativa do carvão foram muito recorrentes por parte dos nossos entrevistados para demonstrarem essa preocupação." [1]

Os camponeses não estão sendo consultados na elaboração do ProSavana:
Ao longo de todo o Corredor de Nacala os camponeses mantêm seus sistemas de produção alimentar de base familiar, camponesa e comunitária. Desenvolvem seus modos de vida, cultura e tradições. Sua história e experiências sociais, culturais e econômicas são totalmente desconsideradas nos estudos e documentos contratados pelos governos. Nestes documentos, os cerca de 4,5 milhões de camponeses são invisíveis. Seus modos de vida, seus direitos, necessidades e propostas não são considerados. A versão atual do Plano Diretor faz um diagnóstico técnico, como se o Corredor de Nacala fosse uma área a ser ocupada a partir de planejamentos externos, a serem comunicados posteriormente aos camponeses.

Os camponeses e as organizações que os representam têm demandas e propostas precisas e concretas que visam fortalecer seus sistemas de produção por meio

---

[1] "Sustentabilidade e Coexistência Pacífica no Uso e Aproveitamento da Terra em Moçambique – Os Contornos do ProSavana", ORAM, agosto de 2012, Maputo.

de crédito, acesso ao mercado para a comercialização de sua produção, garantia de compra da produção a preço justo, equipamentos para o armazenamento da produção, acesso à energia elétrica, assistência técnica para fortalecer sua produção, acesso à educação e escolarização visando trabalhar com os camponeses e não com pessoas de fora, apoiar e fortalecer entidades criadas pelas comunidades como as associações de pequenos produtores e trabalhar em parceria com elas, apoiar a legalização das terras a favor dos camponeses, entre muitas outras propostas, que deviam traduzir-se num Plano Nacional de Apoio à Agricultura Familiar defendido a mais de duas décadas pelos camponeses. ①

Entendemos consulta como um processo onde as populações camponesas são consideradas protagonistas, sujeitos portadores de direitos e, portanto, beneficiários principais de um programa que visa se instalar em seus territórios. Para tal estas populações e suas organizações deveriam ser escutadas no nascedouro de qualquer proposta, e esta deveria ter como premissa as experiências e propostas das populações. Consulta não é chegar às comunidades para avisar que o ProSavana está começando, dando informações vagas, distorcidas, enganosas e contraditórias.

Por este motivo, organizações e movimentos sociais brasileiros avaliam que um quarto eixo, sobre participação social e consulta aos camponeses, deveria ser incluído no ProSavana, e todo o cronograma, planejamento e metodologia readaptados a este novo eixo. Propõem também a contratação de um segundo estudo, com o mesmo status do documento produzido pela GV Agro, a ser realizado com o objetivo de consultar os camponeses e visibilizar seus modos de vida, seus sistemas de produção, suas demandas e propostas relacionadas a suas culturas alimentares e ao fortalecimento da segurança e soberania alimentares.

A experiência do Prodecer no Cerrado é referência nos documentos e estudos:

Assim como a propaganda oficial anuncia que o ProSavana trará uma mudança altamente positiva relativamente à produção alimentar no norte de Moçambique, discurso similar foi adotado no caso do Prodecer, apresentado como uma verdadeira revolução a favor da produção de alimentos, o que na verdade jamais ocorreu e, ao contrário, resultou em insegurança alimentar e necessidade de compra de alimentos

---

① Ver Carta Aberta em anexo, elaborada por organizações e movimentos camponeses de Moçambique.

de outras regiões.

A convivência entre agricultura familiar e camponesa e o agronegócio representa riscos para o campesinato:

A versão atual do Plano Diretor recorta o território do Corredor de Nacala entre áreas destinadas a extensos monocultivos a cargo de grandes empresas e outras áreas onde está prevista a "integração" entre pequenos produtores e empresas. Visa alterar o modelo de produção do atual regime de pousio para agricultura fixa, transformar pequenos produtores em médios e integrá-los à cadeia empresarial. O terceiro componente do ProSavana, conhecido como PEM (Projeto Extensão e Modelos de Desenvolvimento), coordenado pelo MDA (Ministério do Desenvolvimento Agrário, do Brasil) e visando prestar assistência técnica aos pequenos produtores, é visto pela ABC como o caminho que equilibrará as necessidades da agricultura familiar com os interesses empresariais. Entretanto, para que tal ocorresse, seria necessária uma avaliação prévia sobre as experiências de assistência técnica prestadas à agricultura familiar no Brasil. Um dos problemas frequentemente apontados é que a mesma é voltada à assistência a produtos e não a sistemas de produção, o que não contribui para o fortalecimento da produção de base familiar e camponesa e, portanto, não é uma boa referência a ser levada para Moçambique.

O modelo de produção verticalmente integrada atende aos interesses da empresa integradora, e não do integrado. Pelo contrário, é este último quem arca com os custos de infraestrutura e com eventuais prejuízos por perdas de safras e quedas de preços. No caso do Brasil, para a produção de frangos, por exemplo, o contrato que os integrados assinam os proíbe de comercializar a produção com outra empresa. Eles não sabem qual será seu ganho líquido e são obrigados a usar a ração e os produtos veterinários fornecidos pela empresa. Além disso, não têm garantia de preço nem de aceitação da produção excedente.

O caso da produção de milho causa imensa preocupação por se tratar do principal alimento em Moçambique. É preciso resistir ao risco de que o ProSavana instale um sistema de produção de milho destinado à alimentação animal, em rotação com a soja. O milho para ração animal não é o milho que os camponeses de Moçambique conhecem e produzem. Trata-se de variedades transgênicas nada saborosas, como nos contam os agricultores familiares da região de Lucas do Rio Verde, destinadas à alimentação animal.

As estratégias para o desenvolvimento das zonas apontadas pela versão atual do Plano Diretor mencionam como uma das atividades "estimular agricultores líderes a promover a formação de associações de produtores e cooperativas." Parece repetir-se o princípio do Prodecer de trabalhar com agricultores selecionados pela sua capacidade empresarial e potencialidade de implantar o pacote do programa. No caso do Prodecer, eles eram escolhidos na região Sul e recebiam assistência técnica, financiamento a juros subsidiados e outros benefícios. Quem serão os "escolhidos" no caso de Moçambique? E como ficarão os demais?

A questão ambiental é tratada sob o ponto de vista meramente conservacionista:
Na versão atual do Plano Diretor listam-se unidades de conservação e outras áreas protegidas por lei, tomando-se por base o fato de que em princípio é desejável evitar a implementação de qualquer projeto dentro ou nas proximidades de parques nacionalmente designados como protegidos. Não há menção aos impactos do desmatamento para a formação de áreas de cultivo, redução da disponibilidade das águas, poluição dos rios, problemas de saúde causados pelo uso de agrotóxicos, emissões de gases do efeito estufa e outros característicos da monocultura. A perspectiva da Justiça Ambiental está fora do horizonte dos estudos atuais. As organizações e movimentos que representam os camponeses da região temem que a água e outros recursos naturais sejam privatizados.

O ProSavana tende a responder a um mosaico de interesses empresariais e de grandes corporações:
A versão atual do Plano Diretor deixa claro que o ProSavana articula um somatório de interesses empresariais diversos, onde o setor público e a cooperação participarão das iniciativas mais estruturantes, enquanto o setor privado participará das atividades econômico-comerciais. Interesses de empresas estrangeiras somam-se aos da elite política moçambicana do agronegócio. Um exemplo é a Intelec Holdings, que atua na produção da soja, empresa da qual o Presidente de Moçambique é acionista, fato formalmente anunciado em setembro de 2012. A fusão de vários capitais deu lugar à empresa Agromoz, sendo acionistas os Grupos

Américo Amorim, de Portugal, Pinesso (uma das maiores produtoras de soja no Brasil) e a Intelec Holdings. Conforme documentado ao longo do texto, empresas brasileiras do agronegócio têm grande interesse em expandir seus negócios nas terras do Corredor de Nacala.

Os interesses estruturantes tornaram-se evidentes com o lançamento em Moçambique da Nova Aliança para a Segurança Alimentar e Nutricional em África, traduzida no PNISA. Estão na dianteira da operacionalização desta iniciativa em Moçambique o Banco Mundial, Programa Mundial de Alimentação, Agência Japonesa de Cooperação Internacional (JICA), Agência Norte-americana para o Desenvolvimento Internacional (USAID) e as corporações transnacionais do agronegócio tais como: Cargill, Itochu, Syngenta, Monsanto, Yara, African Cashew Initiative, Competitive African Cotton Initiative, Corvuns International, AGCO, Nippon Biodiesel Fuel, Vodafone, SAMBMiller, etc. A Nova Aliança está a proceder modificações no quadro jurídico-legal, no sentido de flexibilizar a aquisição de terras pelas multinacionais do agronegócio e introduzir alterações na política nacional de fertilizantes e sementes. Assim, a Nova Aliança cria as condições ótimas para a implantação do modelo agrícola proposto pelo Prosavana.

O ProSavana demonstra que as contradições e conflitos internos do Brasil estão sendo exportados através de sua cooperação e investimentos:
O presente texto procurou demonstrar a relação entre o modelo de desenvolvimento implementado em nível nacional, as forças hegemônicas por ele representadas e o perfil das iniciativas de cooperação e investimentos brasileiros, revelando que o país está exportando seus conflitos internos através de sua cooperação e investimentos. Não existe um interesse nacional único e sem conflitos guiando a presença internacional do Brasil, já que as organizações e movimentos brasileiros que praticam e defendem a agricultura familiar e camponesa se opõem fortemente a este tipo de cooperação e investimentos internacionais do Brasil.

O ProSavana é um caso emblemático para o debate sobre a política externa e a cooperação brasileira. Através deste programa, o Brasil está exportando suas contradições domésticas entre a agricultura em larga escala, com sistema de produção baseado em extensos monocultivos, concentração da propriedade da terra, agrotóxicos, baixo emprego de força de trabalho e voltado para exportação, de um lado, e os sistemas de produção de alimentos com base familiar, camponesa e agroecológica, de outro. Através de suas históricas lutas, os movimentos sociais do campo conquistaram o direito de apoio a seus sistemas de produção familiar e camponesa por meio de programas de compra de sua produção em mercados institucionais, através principalmente do PAA (Programa de Aquisição de Alimentos da Agricultura Familiar) e PNAE (Programa Nacional de Alimentação Escolar). O intercâmbio da experiência bem sucedida no Brasil e sua tradução e adaptação a um PAA África tem sido objeto de intensos esforços.

O ProSavana demonstra que a cooperação é indissociável dos investimentos destinados à internacionalização das empresas brasileiras e das iniciativas de promoção comercial:

> *"Todos os grandes países têm agências internacionais de comércio. Nós vamos criar uma agência internacional de comércio para a África e para a América Latina. É uma agência de cooperação, mas é uma agência também comercial. É uma agência para viabilizar investimentos. Enfim, é uma agência que tem um escopo bastante grande."*
> *Presidenta Dilma Roussef, maio de 2013, em Adis Abeba, Etiópia .*[1]

Apesar da narrativa construída de que a cooperação Sul-Sul e investimentos do Brasil teriam a motivação da solidariedade, da horizontalidade, do intercâmbio e compartilhamento de conhecimentos visando à autonomia, e que projetos e programas resultariam de demandas dos receptores, o caso do ProSavana revela que esta retórica é bem distinta do que ocorre na prática.

Alguns problemas derivam desta retórica. Primeiro, se a cooperação brasileira resultasse direta e exclusivamente de demanda, poder-se-ia supor que a mesma não tem diretriz nem estratégia e que, portanto, se desenvolve à deriva, sem coordenação. Segundo, a cooperação responderia à demanda de quem? No caso do ProSavana, do governo de Moçambique? E como se dá o processo decisório para

---

[1] http://www.youtube.com/watch?v=d7tPg39k2XE e http://www.valor.com.br/brasil/3138674/em-visita-dilma-anuncia-nova-agencia-de-cooperacao-para-africa#ixzz2Uc6tUyrQ.

chegar a essa demanda em Moçambique? Os camponeses não foram ouvidos. Do lado brasileiro, pode-se dizer que não se pode intervir no processo decisório interno em Moçambique. Porém, a questão crucial para a cooperação brasileira é responder: quem decide no Brasil qual demanda será atendida e como? Ou seja, quem foi ouvido e consultado no Brasil no processo de elaboração dos interesses e visões do Brasil sobre o que fazer no ProSavana? A GV Agro, escolhida para elaborar o Plano Diretor, responde a interesses de um setor da sociedade brasileira que está em aberta oposição aos interesses da agricultura familiar e camponesa brasileira. Esta não foi ouvida em nenhum momento do processo decisório sobre o que o Brasil fará no ProSavana.

A cooperação brasileira precisa ser debatida com a sociedade; a política externa precisa se tornar uma política pública:

A crescente importância da cooperação brasileira faz parte das profundas transformações vividas pelo sistema internacional. A presença do Brasil na África é uma das dimensões mais importantes da nova política externa brasileira, inaugurada em 2003. Por este motivo, o governo criou o chamado Grupo África, coordenado pela Casa Civil. No entanto, até o momento a anunciada prioridade dada à África não tem sido acompanhada de uma efetiva coordenação de ações, o que resulta em iniciativas descentralizadas, provenientes dos mais diversos atores estatais, privados e empresariais, estando as grandes corporações em ampla vantagem no que diz respeito aos ganhos concretos de tal enunciado. O Brasil não possui diretrizes nem princípios debatidos na sociedade e aprovados nas instâncias pertinentes relacionadas à sua cooperação.

Na verdade, a sociedade brasileira carece de um amplo debate sobre o caminho estratégico a ser escolhido para a sua atuação externa em conjunto, e em especial na África. O Brasil adotará o caminho da corrida imperialista cujo palco central hoje é a África, disputando espaço com as potências tradicionais e os chamados emergentes para ver quem explora mais os recursos naturais do continente? Ou o Brasil adotará um caminho de genuína cooperação e investimentos visando o desenvolvimento humano do continente por meio do empoderamento de seus povos e fortalecimento de seus direitos? Se é verdade que a política externa brasileira responde a um projeto nacional de desenvolvimento, o Brasil deverá debater qual desenvolvimento projeta para si próprio – inclusivo, sustentável, democrático, com pleno exercício de direitos de seu povo, com segurança e soberania alimentar – e, portanto, para a sua ação externa.

Assim como o conjunto da política externa, a cooperação e os investimentos brasileiros têm sido decididos de forma privada, sem que haja uma instância onde os interesses em conflito existentes na sociedade brasileira e, portanto, refletidos na sua ação externa, sejam processados. O caso do ProSavana revela a urgência de democratização do processo decisório na política externa brasileira, inclusive na cooperação e investimentos, de controle social e consulta às populações atingidas pelas iniciativas brasileiras, para que a cooperação e investimentos internacionais do Brasil sejam orientados pelo fortalecimento dos direitos humanos, da justiça social e ambiental e da segurança e soberania alimentar.

Referências

ABC e JICA. Programa de Parceria Japão-Brasil 10 anos, Programa de Treinamento para Terceiros Países, 25 anos. Agência Brasileira de Cooperação do Ministério das Relações Exteriores e JICA, 2010. Disponível em http://www.jica. go.jp/brazil/portuguese/office/publications/pdf/jbpp10anos.pdf, acesso em 27/08/12.

BANCO MUNDIAL E FAO. Awakening Africa's Sleeping Giant. Prospects for Commercial Agriculture in the Guinea Savannah Zone and Beyond. Banco Mundial, 2009. Disponível em http://siteresources.worldbank.org/INTARD/Resources/ sleeping_giant.pdf, acesso em 13/05/13.

CHICHAVA, S.; DURAN, J.; CABRAL, L.; SHANKLAND, A.; BUCKLEY, L.; TANG LIXIA; ZHANG YUE. Chinese and Brazilian Cooperation with African Agriculture: The Case of Mozambique. FAC Working Paper 49.Future Agricultures Consortium, Brighton, 2013. Disponível em http://r4d.dfid.gov.uk/PDF/Outputs/ Futureagriculture/FAC_Working_Paper_049.pdf, acesso em 10/05/13.

CONAB. Acompanhamento de safra brasileira: grãos, segundo levantamento, safra 2012/2013,novebro de 2012. Companhia Nacional de Abastecimento. Brasília, 2012. Disponível em http://www.conab.gov.br/OlalaCMS/uploads/ arquivos/12_11_08_09_10_48_boletim_portugues_novembro_2012.pdf, acesso em 15/11/12.

_____. Programa de Aquisição de Alimentos – PAA. Resultado das ações da Conab em 2012. Sumário Executivo, 2013. Disponível em http://www.conab.gov.br/ OlalaCMS/uploads/arquivos/13_02_07_08_31_25_sumario_executivo_07_02_13. pdf, acesso em 26/02/13.

EMBRAPA. Moçambique. Apoio ao Sistema de Inovação no Setor Agropecuário. Disponível em http://hotsites.sct.embrapa.br/acessoainformacao/acoes-e- programas/Cartilha%20Mocambique.pdf, acesso em 07/09/12.

_____. Projeto de melhoria da capacidade de pesquisa e de transferência de tecnologia para o desenvolvimento da Agricultura no corredor de Nacala em Moçambique. Resumo Executivo. Junho de 2011. Disponível em http://www.undp.

org.br/Extranet/SAP%20FILES/MM/2011/14740/PROSAVANA-TEC%20-%20 RESUMO%20EXECUTIVO.pdf, acesso em 14/03/12.

INOCÊNCIO, M. As tramas do poder na territorialização do capital no Cerrado: o Prodecer. Programa de pós-graduação em Geografia da UFG. Goiânia, 2010. Disponível em http://www4.fct.unesp.br/thomaz/Posgrad-11/Tese%20Prodecer.pdf, acesso em 03/09/12.

IPEA. Ponte sobre o Atlântico. Brasil e África Subsaariana: parceria Sul-Sul. Ipea, 2011. Disponível em http://www.ipea.gov.br/portal/images/stories/PDFs/ livros/livros/111222_livropontesobreoatlanticopor2.pdf, acesso em 02/03/12.

JICA. Estudo sobre Assistência Oficial do Japão para o Desenvolvimento destinado à República Federativa do Brasil. Rumo à construção de uma nova parceria.Agência de Cooperação Internacional do Japão (JICA). Março de 2003. Disponível em http://jica-ri.jica.go.jp/IFIC_and_JBICI-Studies/english/ publications/reports/study/country/pdf/bra_01.pdf, acesso em 27/08/12.

_____. Cooperação nipo-brasileira assume uma nova escala global. Iniciativas de apoio financeiro e tecnológico estreitam relacionamento entre os dois países. JICA, 2009. Disponível em http://www.jica.go.jp/brazil/portuguese/office/publications/pdf/ saopaulo.pdf, acesso em 03/09/12.

_____. JICA no Brasil. Atuando como Parceiro Global. JICA, março de 2011. Disponível em http://www.jica.go.jp/brazil/portuguese/office/publications/pdf/ jicanobrazil2011.pdf, acesso em 03/09/12.

_____. 50 anos de cooperação Brasil-Japão, 1959-2009. JICA, 2009. Disponível em http://www.jica.go.jp/brazil/portuguese/office/publications/pdf/50anos.pdf, acesso em 03/09/12.

OLIVEIRA, R. Programas agrícolas na ocupação do Cerrado. Sociedade e cultura, Vol. 3, Núm. 1-2, janeiro-dezembro, 2000.Universidade Federal de Goiás. Disponível em http://redalyc.uaemex.mx/src/inicio/ArtPdfRed. jsp?iCve=70312129007, acesso em 25/08/12.

PROSAVANA. Support of Agriculture Development Master Plan for Nacala Corridor in Mozambique. Informe nº 2, Projetos de impacto rápido, março de 2013. Disponível em www.grain.org/attachments/2747/download, acesso em 12/05/13.

_____. Support of Agriculture Development Master Plan for Nacala

Corridor in Mozambique. Informe n° 1, Cap.3, Present condition and issues of the agriculture in the study area. Indisponível na web.

RIBEIRO, R. O Eldorado do Brasil central: história ambiental e convivência sustentável com o Cerrado. Em Ecología política. Naturaleza, sociedad y utopía, Héctor Alimonda (comp.). Buenos Aires: CLACSO, abril de 2002. Disponível em http://biblioteca.clacso.edu.ar/ar/libros/ecologia/ribeiro.pdf, acesso em 01/10/10.

RIBEIRO, R. Da 'largueza' ao 'cercamento': um balanço dos programas de desenvolvimento do Cerrado. In:ZHOURI, A.(org.). A insustentável leveza da política ambiental. Belo Horizonte, Ed. Autêntica, 2005.

VILLAS-BÔAS, J. Os investimentos brasileiros na África no governo Lula: um mapa. Meridiano 47 vol. 12, n. 128, nov.-dez. 2011 [p. 3 a 9]. Disponível em http://seer.bce.unb.br/index.php/MED/article/viewArticle/4242, acesso em 03/10/12.

Carta Aberta para Deter e Reflectir de Forma Urgente o Programa ProSavana

Carta Aberta das Organizações e Movimentos Sociais Moçambicanas dirigida aos Presidentes de Moçambique, Brasil e Primeiro-Ministro do Japão/Maio de 2013

Sua Excelência Senhor Presidente da República de Moçambique, Armando Guebuza

Sua Excelência Senhora Presidente da República Federativa do Brasil, Dilma Rousseff Sua Excelência Senhor Primeiro-Ministro do Japão, Shinzo Abe

Assunto:

Carta Aberta para Deter e Reflectir de Forma Urgente o Programa ProSavana

Excelências;

O Governo da República de Moçambique, em parceria com os Governos da República Federativa do Brasil e do Japão, lançou, oficialmente, em Abril de 2011, o Programa ProSavana. O referido programa resulta de uma parceria trilateral dos três governos com o objectivo de, supostamente, promover o desenvolvimento da agricultura nas savanas tropicais do Corredor de Nacala, no Norte de Moçambique.

A estratégia de entrada e implementação do ProSavana assenta-se e fundamenta-se na necessidade, justificadamente, prioritária de combate à pobreza e no imperativo nacional e humano de promoção do desenvolvimento económico, social e cultural do nosso País. Aliás, estes têm sido os principais argumentos usados pelo Governo de Moçambique para justificar a sua opção pela política de atracção de Investimento Directo Estrangeiros (IDE) e consequente implantação de grandes investimentos de mineração, hidrocarbonetos, plantações de monoculturas florestais e agronegócios destinados a produção de commodities. Nós, camponeses e camponesas, famílias das comunidades do Corredor de Nacala, organizações religiosas e da sociedade civil moçambicanas, reconhecendo a importância e urgência do combate à miséria e da promoção do desenvolvimento soberano e sustentado, julgamos oportuno e crucial expressar as nossas preocupações e propostas em relação ao Programa ProSavana. O Programa ProSavana já está a ser implementado através da componente "Quick Impact Projects" sem nunca ter sido realizado, discutido publicamente e aprovado o Estudo de Avaliação de Impacto Ambiental, uma das principais e imprescindíveis exigências da legislação moçambicana para a implementação de projectos desta dimensão, normalmente classificados como de Categoria A.

A amplitude e grandeza do Programa ProSavana contrastam com o incumprimento da lei e total ausência de um debate público profundo, amplo, transparente e democrático impedindo-nos, (camponeses e camponesas, famílias e a população), desta forma, de exercer o nosso direito constitucional de acesso à informação, consulta, participação e consentimento informado sobre um assunto de grande relevância social, económica e ambiental com efeitos directos nas nossas vidas.

No entanto, desde Setembro de 2012 temos vindo a realizar um amplo debate e encontros alargados com diversos sectores da sociedade moçambicana. De acordo com os últimos documentos que tivemos acesso, o Programa ProSavana constitui uma mega parceria entre os Governos de Moçambique, Brasil e Japão que irá ocupar uma área estimada em 14.5 milhões de hectares de terra, em 19 distritos das Províncias de Niassa, Nampula e Zambézia, alegadamente, destinada para o desenvolvimento da agricultura em grande escala nas savanas tropicais, localizadas ao longo do Corredor de Desenvolvimento de Nacala.

Depois de vários debates ao nível das comunidades dos Distritos abrangidos por este programa, com autoridades governamentais moçambicanas, representações diplomáticas do Brasil e Japão e suas respectivas agências de cooperação internacional (Agência Brasileira de Cooperação-ABC e Agência de Cooperação Internacional do Japão-JICA), constatamos haver muitas discrepâncias e contradição nas insuficientes informações e documentos disponíveis, indícios e evidências que confirmam a existência de vícios de concepção do programa; irregularidades no suposto processo de consulta e participação pública; sérias e iminentes ameaças de usurpação de terras dos camponeses e remoção forçada das comunidades das áreas que ocupam actualmente. Senhor Presidente de Moçambique, Senhora Presidente do Brasil e Senhor Primeiro-Ministro do Japão, a cooperação internacional deve alicerçar-se com base nos interesses e aspirações dos povos para construção de um mundo mais justo e solidário. Entretanto, o Programa ProSavana não obedece esses princípios e os seus executores não se propõem, muito menos, se mostram disponíveis a discutir, de forma aberta, as questões de fundo associadas ao desenvolvimento da agricultura no nosso País.

Senhor Presidente Armando Guebuza gostaríamos de lembrar que sua excelência, juntamente com milhões de moçambicanos e moçambicanas, sacrificou grande parte da sua juventude, lutando para libertar o povo e a terra da opressão colonial. Desde esses tempos difíceis, camponeses e camponesas, com os pés firmes na terra, se encarregaram de produzir comida para a nação moçambicana, erguendo o País dos escombros da guerra para a edificação de uma sociedade independente, justa e solidária, onde todos pudessem sentir-se filhos desta terra libertada.

Senhor Presidente Guebuza, mais de 80% da população moçambicana tem na agricultura familiar o seu meio de vivência, respondendo pela produção de mais de 90% da alimentação do País. O ProSavana constitui um instrumento para criação de condições óptimas para entrada no País de corporações transnacionais, as quais irão, inevitavelmente, alienar a autonomia das famílias camponesas e desestruturar os sistemas de produção camponesa, podendo provocar o surgimento de famílias sem terra e aumento da insegurança alimentar, ou seja, a perda das maiores conquistas da nossa Independência Nacional.

Senhora Presidente Dilma Rousseff, a solidariedade entre os povos moçambicano e brasileiro vem desde os difíceis tempos de luta de libertação nacional, passando pela reconstrução nacional durante e após os 16 anos de guerra que Moçambique atravessou. Mais do que ninguém, a Senhora Presidente Dilma sofreu a opressão e foi vítima da ditadura militar no Brasil e conhece o custo da liberdade. Actualmente, dois terços dos alimentos consumidos no Brasil são produzidos por camponeses e camponesas e não pelas corporações que o Governo Brasileiro está a exportar para Moçambique através do ProSavana.

Senhora Presidente Dilma Rousseff, como se justifica que o Governo Brasileiro não dê prioridade ao Programa de Aquisição de Alimentos de Moçambique, o qual nós camponeses e camponesas apoiamos e incentivamos? Paradoxalmente, todos os meios financeiros, materiais e humanos, a vários níveis, são alocados para o desenvolvimento do agronegócio promovido pelo ProSavana. Como se justifica que a cooperação internacional entre o Brasil, Moçambique e Japão que devia promover a solidariedade entre os povos converta-se num instrumento de facilitação de transacções comerciais obscuras e promova a usurpação de terras comunitárias quede forma secular usamos para a produção de comida para a nação moçambicana e não só?

Senhor Primeiro-Ministro Shinzo Abe, o Japão, através da JICA, durante décadas contribuiu para o desenvolvimento da agricultura e outros sectores no nosso País. Repudiamos a actual política de cooperação do Governo Japonês com Moçambique no sector agrário. Mais do que o investimento em mega infra-estrutura no Corredor de Nacala para possibilitar o escoamento de commodities agrícolas, através do Porto de Nacala, bem como o apoio financeiro e humano ao ProSavana, entendemos que a aposta japonesa deve concentrar-se na agricultura camponesa, a única capaz de produzir alimentos adequados em quantidades necessárias para a população moçambicana, assim como promover um desenvolvimento sustentado e inclusivo. Digníssimos representantes dos povos de Moçambique, Brasil e Japão, vivemos uma fase da história marcada pela crescente demanda e expansão de grandes grupos financeiros e corporativos transnacionais pela apropriação e controlo de bens naturais em nível global, transformando-os em mercadoria e assumindo-os como uma oportunidade de negócios. Excelências, diante dos factos apresentados, nós, camponeses e camponesas de Moçambique, famílias das comunidades rurais do Corredor de Nacala, organizações religiosas e da sociedade civil, denunciamos e repudiamos com urgência:

• A manipulação de informações e intimidação das comunidades e organizações da sociedade civil que se opõem ao ProSavana, apresentando alternativas sustentáveis para o sector agrário;

• Os iminentes processos de usurpação de terras das comunidades locais por corporações brasileiras, japonesas e nacionais; bem assim de outras nações.

• O ProSavana fundamenta-se no aumento da produção e produtividade baseada em monoculturas de exportação (milho, soja, mandioca, algodão, cana de açúcar, etc), que pretende integrar camponeses e camponesas nesse processo produtivo exclusivamente controlado por grandes corporações transnacionais e instituições financeiras multilaterais, destruindo os sistemas de produção da agricultura familiar;

• A importação das contradições internas do modelo de desenvolvimento da agricultura brasileira para Moçambique.

Diante das denúncias atrás apresentadas, nós camponeses e camponesas de Moçambique, famílias das comunidades rurais do Corredor de Nacala, organizações religiosas e da sociedade civil solicitamos e exigimos uma intervenção urgente de V.Excias Senhor Presidente de Moçambique, Senhora Presidente do Brasil e Senhor Primeiro-Ministro do Japão, na qualidade de mandatários legítimos dos vossos povos, com o objectivo de travar de forma urgente a lógica de intervenção do Programa ProSavana que trará impactos negativos irreversíveis para as famílias camponesas tais como:

• O surgimento de famílias e Comunidades Sem Terra em Moçambique, como resultado dos processos de expropriações de terras e consequentes reassentamentos;

• Frequentes convulsões sociais e conflitos sócio-ambientais nas comunidades ao longo do Corredor de Nacala, e não só;

• Agravamento e aprofundamento da miséria nas famílias das comunidades rurais e redução de alternativas de sobrevivência e existência;

• Destruição dos sistemas de produção das famílias camponesas e consequentemente a insegurança alimentar;

• Aumento da corrupção e de conflitos de interesse;

• Poluição dos ecossistemas, solos e recursos hídricos como resultado do uso excessivo e descontrolado de pesticidas, fertilizantes químicos e agrotóxicos;

• Desequilíbrio ecológico como resultado de desmatamento de extensas áreas florestais para dar lugar aos mega projectos de agronegócio.

Assim, nós camponeses e camponesas, famílias das comunidades do Corredor de Nacala, organizações religiosas e da sociedade civil nacionais signatárias desta Carta Aberta manifestamos, publicamente, a nossa indignação e repúdio contra a forma como o Programa ProSavana tem sido concebido e tende a ser implementado nas nossas terras e comunidades do nosso País.

Defendemos o desenvolvimento da agricultura baseado em sistemas de produção e não em produtos, ou seja, a não destruição da lógica produtiva familiar que para além de questões económicas incorpora sobretudo a lógica de ocupação de espaços geográficos, a dimensão social e antropológica, que tem se revelado muito sustentável ao longo da história da humanidade. Os movimentos sociais e organizações signatárias desta Carta Aberta dirigem-se à V.Excias

Senhor Presidente Armando Guebuza, Senhora Presidente Dilma Rousseff e Senhor Primeiro-Ministro Shinzo Abe, na vossa qualidade de chefes de Governo e de Estado e legítimos representantes dos povos de Moçambique, Brasil e Japão para requerer:

• Que mandem tomar todas as medidas necessárias para suspensão imediata de todas as acções e projectos em curso nas savanas tropicais do Corredor do Desenvolvimento de Nacala no âmbito da implementação do Programa ProSavana;

• Que o Governo de Moçambique mande instaurar um mecanismo inclusivo e democrático de construção de um diálogo oficial amplo com todos os sectores da sociedade moçambicana, particularmente camponeses e camponesas, povos do meio rural, comunidades do Corredor, organizações religiosas e da sociedade civil com o objectivo de definir as suas reais necessidades, aspirações e prioridades da matriz e agenda de desenvolvimento soberano;

• Que todos os recursos humanos, materiais e financeiros alocados ao Programa ProSavana sejam realocados na definição e implementação de um Plano Nacional de Apoio a Agricultura Familiar sustentável (sistema familiar), defendido há mais de duas décadas pelas famílias camponesas de toda a República de Moçambique, com o objectivo de apoiar e garantir a soberania alimentar de mais de 16 milhões de moçambicanos que têm na agricultura o seu principal meio de vida;

• Que o Governo moçambicano priorize a soberania alimentar, agricultura de conservação e agroecológica como as únicas soluções sustentáveis para a redução da fome e promoção da alimentação adequada;

• Que o Governo moçambicano adopte políticas para o sector agrário centradas no apoio à agricultura camponesa, cujas prioridades assentam-se no acesso ao crédito rural, serviços de extensão agrária, sistemas de irrigação, valorização das sementes nativas e resistentes às mudanças climáticas, infra-estruturas rurais ligadas a criação de capacidade produtiva e políticas de apoio e incentivo à comercialização rural;

Finalmente e em função do enunciado acima, nós camponeses e camponesas moçambicanas, famílias das comunidades rurais do Corredor de Nacala, organizações religiosas e da sociedade civil exigimos uma cooperação entre os

Países assente nos interesses e aspirações genuínas dos povos; uma cooperação que sirva para a promoção de uma sociedade mais justa e solidária. Sonhamos com um Moçambique viável e melhor, onde todos os moçambicanos e moçambicanas possam sentir-se filhos desta terra, unidos e engajados na construção de um Estado cuja soberania emana e reside no Povo.

Contacto para Imprensa:

Jeremias Filipe Vunjanhe: Cel: +258-823911238/email: jfvunjanhe@gmail.com

Alexandre Silva Dunduro: Cel: +258-828686690

Email: dunduroalexandre@hotmail.com | adecru2007@gmail.com

A. Muagerere: Cel:+258/)-82606426/Fax:262863 | email: AMuagerene@ scipnampula.org

Organizações/movimentos sociais moçambicanas signatárias:

1. Acção Académica para o Desenvolvimento das Comunidades Rurais (ADECRU)

2. Associação de Apoio e Assistência Jurídica as Comunidades (AAAJC) – Tete

3. Associação Nacional de Extensão Rural (AENA)

4. Associação de Cooperação para o Desenvolvimento (ACOORD)

5. AKILIZETHO – Nampula

6. Caritas Diocesana de Lichinga – Niassa

7. Conselho Cristão de Moçambique (CCM) – Niassa

8. ESTAMOS – Organização Comunitária

9. FACILIDADE-Nampula

10. Justiça Ambiental/Friends of The Earth Mozambique

11. Fórum Mulher

12. Fórum das Organizações Não Governamentais do Niassa (FONAGNI)

13. Fórum Terra-Nampula

14. Fórum das Organizações Não Governamentais de Gaza (FONG)

15. Kulima

16. Liga Moçambicana de Direitos Humanos – LDH

17. Livaningo

18. Organização para Desenvolvimento Sustentável (OLIPA-ODES)

19. Organização Rural de Ajuda Mútua (ORAM)-Delegação de Nampula

20. Organização Rural de Ajuda Mútua (ORAM)- Delegação de Lichinga-Niassa

21. Plataforma Provincial da Sociedade Civil de Nampula

22. Rede de Organizações para o Ambiente e Desenvolvimento Sustentável (ROADS) – Niassa

23. União Nacional de Camponeses – UNA

Organizações/movimentos sociais internacionais subscritoras:

1. Amigos da Terra Brasil

2. Articulação Nacional de Agroecologia (ANA) – Brasil

3. Associação Brasileira de ONGs (Abong)

4. Association for the Taxation of Financial Transactions for the Aid of Citizens (ATTAC) – Japan

5. Africa Japan Forum (AJF) – Japan

6. Alternative People's Linkage in Asia (APLA) – Japan

7. Association of Support for People in West Africa (SUPA) – Japan

8. Central Única dos Trabalhadores (CUT) – Brasil

9. Comissão Pastoral da Terra (CPT) – Brasil

10. Comissão Pastoral da Terra – MT-Brasil

11. Confederação Nacional de Trabalhadores de Agricultura (CONTAG) – Brasil

12. FASE – Solidariedade e Educação – Brasil

13. Federação dos Trabalhadores da Agricultura Familiar (FETRAF) – Brasil

14. Federação dos Estudantes de Agronomia do Brasil (FEAB)

15. Fórum Mato-grossense de Meio Ambiente e Desenvolvimento (FORMAD) – Brasil

16. Fórum de Direitos Humanos e da Terra do Mato Grosso (FDHT-MT) – Brasil

17. Fórum Brasileiro de Soberania e Segurança alimentar e Nutricional (FBSSAN) – Brasil

18. Fórum Mudanças Climáticas e Justiça Social do Brasil

19. Fórum de Lutas de Cáceres – MT-Brasil

20. GRAIN International

21. Grupo Pesquisador em Educação Ambiental, Comunicação e Arte (GPEA/ UFMT) – Brasil

22. Grupo Pesquisador em Educação Ambiental, Comunicação e Arte (GPEA/

UFMT) – Brasil23. Grupo Raízes – Brasil

24. Instituto Políticas Alternativas para o Cone Sul (PACS) – Brasil

25. Instituto Brasileiro de Análises Sociais e Económicas (Ibase) – Brasil

26. Instituto Caracol (iC) – Brasil

27. Instituto de Estudos Socioeconómicos do Brasil (Inesc)

28. Japan International Volunteer Center (JVC) – Japan

29. Justiça Global-Brasil

30. La Via Campesina – Região África 1

31. Movimento dos Trabalhadores Rurais Sem Terra – Brasil

32. Movimento Mundial pelas Florestas Tropicais (WRM) – Uruguai

33. Movimento de Mulheres Camponesas (MMC) – Brasil

34. Movimentos dos Pequenos Agricultores (MPA) – Brasil

35. Mozambique Kaihatsu wo Kangaeru Shiminno Kai – Japan

36. Network for Rural-Urban Cooperation – Japan

37. ODA-Net – ODA Reform Network – Japan

38. Rede Brasileira Pela Integração dos Povos (REBRIP)

39. Rede Axé Dudu – Brasil

40. Rede Mato-Grossense de Educação Ambiental (REMTEA) – Brasil

41. Sociedade fé e vida – Brasil

42. Vida Brasil

43. Organização de Mulheres Indígenas TAKINÁ, Barra do Bugres

44. Coperrede – Cooperativa Regional de Prestação de Serviços e Economia Solidária

45. Escola Estadual Lucas Auxilio Toniazzo – Curso Técnico em Agroecologia

46. Aproger – Associação dos Produtores Rurais da Gleba Entre Rios – Nova Ubiratã-MT

47. Associação Renascer – Peixoto-MT

48. MST – Movimento dos Trabalhadores/as Rurais Sem Terra – Sinop

49. Adunemat – Associação dos docentes da Universidade Estadual de Mato Grosso

50. CPT – Comissão Pastoral da Terra

51. Escola Estadual Terra Nova – Curso Técnico de Agroecologia – MT

BRAZILIAN COOPERATION AND INVESTMENTS IN AFRICA
The Case of Prosavana in Mozambique

Contents

This study integrates the set of actions developed by social organizations and movements in Mozambique and Brazil working together to support the struggles for justice, rights and food security and sovereignty in both countries, and which result from Brazilian cooperation and investments in Mozambique that affect these struggles. The study presented here analyzes the motivations and practices of Brazilian cooperation and investment in Africa. To do so, it presents data, information and analyses on Brazilian agricultural cooperation and investments in Africa. It takes the partnership between Brazil and Japan with the Mozambican government as a reference, in particular, the ProSavana, especially with regard to the implementation of an agricultural production system based on the monoculture of commodities such as soybeans, corn and others, inspired by the model dominant today in the Brazilian Cerrado.

The study was conducted by FASE in regular consultation and partnership with the União Nacional de Camponeses-UNAC (National Union of Peasants) and the Associação Rural de Ajuda Mútua-ORAM (Rural Mutual Aid Association), organizations that represent peasants in Mozambique. UNAC was founded in April 1987 for the purpose of representing peasants and their organizations to ensure social, economic and cultural rights through the strengthening of peasant organizations and participation in the definition of public policies and development strategies in order to ensure food sovereignty. ORAM, created in 1992, is an organization with a strong associative reference character in issues of land and natural resources, promoting the rights and interests of peasants and contributing to associative and community development, in order to ensure ownership and sustainable use of land resources by rural communities, strengthening them so that they can be principal actors in the rural movement, with the ability to promote community development strategies and ownership and sustainable use of land and natural resources.[1]

---

① ORAM (2009). Strategic Plan: ORAM Maputo.

Over its 51 years of operation in Brazilian society, FASE has worked together with social movements that fight for land, environmental justice, and food security and sovereignty, both at the national level and in the various regions where it has local operations: Pará, Mato Grosso, Pernambuco, Bahia, Espírito Santo and Rio de Janeiro. The local and regional dynamics where FASE is located are strongly influenced by national and international processes, such as in the case of the agricultural negotiations in international trade: the interests defended by Brazil in these negotiations have a direct relationship with the agricultural model predominant in the country, based on extensive monoculture focused on export. This is the case of Mato Grosso, marked by the hegemony of the commodity agro export model, on one side, and by the social and production resistance of family farmers and peasants, on the other. This agricultural model adopted in Brazil is reflected in the country's international cooperation and investment, as will be demonstrated in this study.

Chapter 1　Brazilian Foreign Policy and South-South Cooperation

Over the last decade, international development cooperation and the investments that accompany it have gone through deep and rapid changes. Expressing the changes in the correlation of forces in the international system that is in transition to a multipolar configuration, South-South cooperation has expanded its role in the dynamics of international cooperation. Countries such as Brazil, China and India have engaged their cooperation and investment mechanisms as part of the struggle for a new balance of power. South-South cooperation has been characterized by its economic and political dimensions, as in the case of the initiatives launched by the BRICS (Brazil, Russia, India, China and South Africa) and the India-Brazil-South Africa Dialogue Forum (IBSA).

In Brazil, the debate intensifies on the place of international cooperation and investments as a constituent part of new foreign policy guidelines for the country. Most cooperation projects developed today by Brazil are concentrated in Latin America and Africa. Greater emphasis has been given to countries in Sub-Saharan Africa. In 2010, Africa was the destination of almost 60% of disbursements by the Agência Brasileira de Cooperação (ABC) (Brazilian Cooperation Agency) that coordinates the country's international assistance projects. For the first time, the ABC assigned a coordinator abroad in Mozambique, signaling the importance Brazilian cooperation is gaining in Africa, especially with initiatives of the magnitude of ProSavana. An Africa Group was created under the coordination of the

President's Chief of Staff, aiming to coordinate government actions on the continent.

Brazilian cooperation and investments in Africa take place in different ways, involving both the federal government and private companies, whether in the form of technical assistance, direct investment or government loans. The cooperation is channeled through contributions to multilateral institutions and through trilateral, bilateral and regional agreements, covering primarily the technical, financial and humanitarian areas.

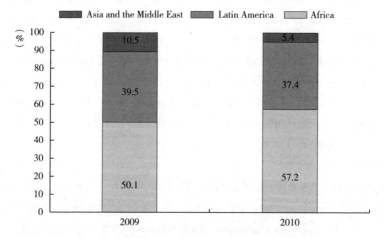

Brazilian Investments in International Development

Projects, Participation by Continent, 2009-10

Source: ABC 2009 and 2011

Note: The total amounts in 2009 and 2010 were, respectively, US$ 2,012,682 and US$ 2,082,674 for Asia and the Middle East; US$ 7,575,235 and US$ 14,437,785 for Latin America and US$ 9,608,816 and US$ 22,049,368 for Africa.

1.Brazilian International Cooperation

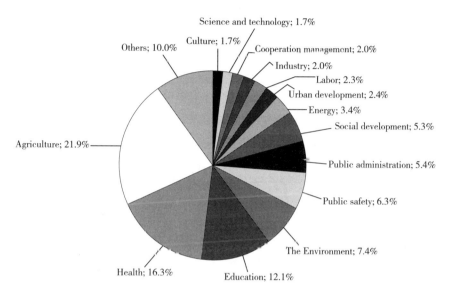

Technical Cooperation: Distribution of Funding According to Thematic Areas, 2003-2010

Source: ABC (2011)

Taken from Lídia Cabral-"Cooperação Brasil-África para o desenvolvimento: Caracterização, tendências e desafios, Textos Cindes N°26, December; 2011.

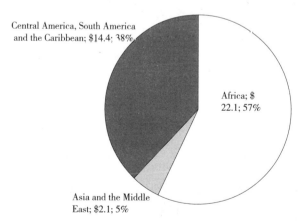

Technical Cooperation: Geographic Distribution of Budgetary Execution, 2010(millions of dollars)

Source: ABC (2011)

Lídia Cabral, op. cit.

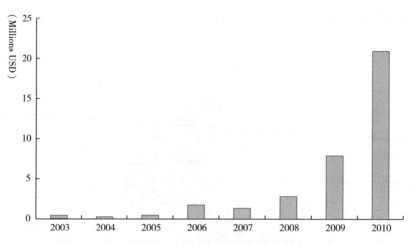

Technical Cooperation with Africa: Execution of Annual Budget, 2003-2010

Source: ABC (2011)
Lídia Cabral, op. cit.

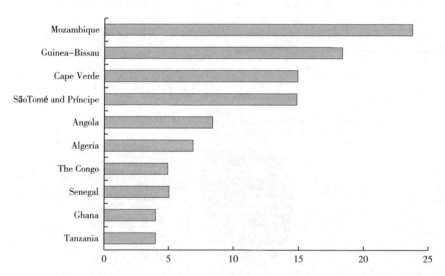

Technical Cooperation with Africa: Main Partners According to the Number of Projects

Underway

Source: ABC (2011)
Lídia Cabral, op. cit.

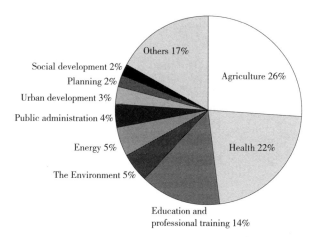

Technical Cooperation with Africa. Main Areas of Cooperation According to Amount of Funds Distributed, 2003-2010

Source: ABC (2011)
Lidia Cabral, op. cit.

2.Cooperation, Investment and Trade: An Inseparable Trio

At the same time that cooperation activities increase between Brazil and Africa, the volume of investment and trade in goods and services also increase. The trade flow between Brazil and the African countries grew from US$ 4.3 billion in 2002 to US$ 27.6 billion in 2011.

The data reveal disparities in terms of volumes between resources mobilized on one hand by cooperation and on the other the investments that generally support the internationalization of Brazilian companies and make economic gains possible for the multinationals associated with them. The presence of Brazilian companies, both those of private capital and state enterprises, is growing on the continent. Through the Banco Nacional de Desenvolvimento Econômico e Social (BNDES) (National Economic and Social Development Bank), the Brazilian government also finances a number of engineering works that facilitate the signing of contracts for works of the most diverse modalities. At the same time, investment funds seek to attract financial resources to make the growing Brazilian investments in Africa feasible.

In this sense, FGV Projetos, of the Fundação Getúlio Vargas (Getúlio Vargas Foundation), intends to attract resources on the order of US$ 1 billion for the development of agricultural projects. The fund is coordinated by DWS Investments, a manager belonging to Deutsche Bank, of Germany. In addition, in June 2012, BTG Pactual, the largest investment bank in Brazil, also announced its intention to raise US$ 1 billion and create a global investment fund for Africa, focused on areas such as infrastructure, energy and agriculture. [1] In the case of Mozambique, a fund designed to attract US$ 2 billion to the agribusiness sector, whose details will be provided below, was launched in July 2012.

Emerging countries such as China and India have been seeking to expand their cooperation and investments on the African continent. For these countries, Africa's potential to export energy and food is the main reason for this approximation. There are different reasons for Brazil, which does not depend on these imports. In addition to the search for political space and influence that underlies the foreign policy guidelines of a Brazil with growing influence in the international system, the strategic importance given in recent years to the expansion of Brazilian companies in other countries stands out. Exploring for oil and minerals on that continent, as well as participating with its engineering companies in infrastructure works, are activities that have already been developed by Brazil in Africa for some years now.

The Brazilian government, however, sees great potential for the expansion of Brazilian companies in various sectors there. In a recent statement, BNDES president Luciano Coutinho highlighted some of these sectors whose presence in Africa is expected to be encouraged by the bank. For Coutinho, Brazilian integration with Africa provides opportunities not only for large companies, but also for medium-sized companies. According to him, some attractive sectors in this sense are sugar and alcohol, telecommunications, energy, renewable energy, petrochemicals, steel, the automotive industry, capital goods, retail, transportation, banking services and pharmaceuticals. [2]

---

[1] Brazil competes with China and India to invest in Africa. *O Estado de S. Paulo* newspaper-7/27/12.

[2] BNDES. BNDES seminar highlights opportunities for investments and cooperation on the African continent. 5/7/12.

3.Brazilian Companies in Africa

According to an analysis of the Instituto de Pesquisa Econômica Aplicada (IPEA) (Institute of Applied Economic Research), investments of the Brazilian private sector in African began in the 1980s, through Brazilian companies established on that continent. "Although they are present throughout the continent, Brazilian company operations are concentrated primarily in the infrastructure, energy and

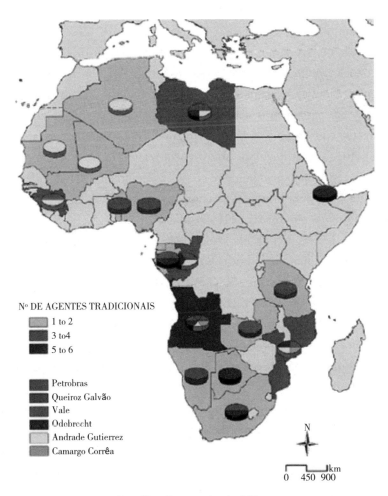

Nº DE AGENTES TRADICIONAIS

- 1 to 2
- 3 to4
- 5 to 6

- Petrobras
- Queiroz Galvão
- Vale
- Odobrecht
- Andrade Gutierrez
- Camargo Corrêa

N

0   450 900 km

Brazilian Companies in Africa

mining sectors in Sub-Saharan Africa, according to the following map. These traditional agents, in terms of investment and sales volume, are Andrade Gutierrez, Camargo Corrêa, Odebrecht, Petrobras, Queiroz Galvão and Vale. Marcopolo also should be mentioned for its differentiated approach" (IPEA, 2011).

Mapping Brazilian investments in Africa, Villas Bôas (2011) identified 22 countries in which there are Brazilian companies, with the mining and civil construction sectors those most consolidated and the small and medium-sized companies and franchises those with the greatest potential for the future. The services sector stands out, but this is strongest where investments in other areas are more significant.

Odebrecht is the Brazilian construction company with the largest number of projects in Africa, with a presence in South Africa, Angola, Botswana, Djibouti, Gabon, Libya, Liberia, Mozambique and the Democratic Republic of the Congo. The company has partnerships with governments and other foreign companies and has also created consortiums with other Brazilian contractors in Africa. Among the various activities that it develops are projects related to oil and gas exploration, infrastructure, residential condominium construction, urban planning, diamond mine operation and food distribution. The company also invests in sugar and ethanol production in Angola through its ETH subsidiary.

Andrade Gutierrez, which also operates in civil construction, is active in Angola, Algeria, Cameroon, Guinea, Equatorial Guinea, Libya, Mali, Mauritania, Mozambique and the Democratic Republic of the Congo. The company has been in business in Africa since 1984, constructing highways and roads, in addition to managing housing, civil construction and urban planning projects. Camargo Corrêa, a company in the same sector, is active in various civil construction works in Angola and Mozambique. On the other hand, Queiroz Galvão develops large works in Angola and Libya.

Vale, the second largest global mining company, is active in nine African countries: South Africa, Angola, the Congo, Gabon, Guinea, Liberia, Zambia, Malawi and Mozambique. On its website in October 2012, was information indicating that the company plans to invest US$ 7.7 billion in Africa in the next years—an amount corresponding to the budget for the projects already approved for the continent.

As described by the IPEA (2011), Vale acquired mining companies in South Africa and the Democratic Republic of the Congo, mainly for exploration of copper and cobalt. In Mozambique, the company officially began iron and steel and coal mining activities and committed to investing another US$ 4 billion, in addition to the US$ 2 billion already invested since the purchase of coal mining operations in 2004. In Angola, the purpose of its presence is the identification of areas suitable for copper and nickel mining. Through the GeVale Indústria Mineira Ltda. company and a consortium with the Genius Angolan group, Vale operates in the province of Moxico, on the border with Zambia, where it carries out prospecting activities in one of the largest copper veins in the world, which, together with Katanga in the Democratic Republic of the Congo, forms the copper belt. In Guinea (Conakry), the company acquired 51% of the BSG Resources Ltd. (Guinea) company that has iron ore concessions in the country.

On its website in December 2011, the company also announced it had signed a contract with the government of Malawi to construct a railway corridor through which coal produced in Mozambique will pass.

Petrobras activities in Africa prioritize the search for and extraction of oil, especially in deep and extremely deep waters, with active operations in this field in Angola, Libya, Nigeria and Tanzania. The company recently acquired a 50% participation in a 7,400 km^2 block on the coast of Benin to explore for light oil. In Namibia, it has 50% participation in an oil exploration block in deep and extremely deep waters.

According to the Transnational Corporations Observatory, the Petrobras Schedule in Africa in 2012 anticipates the drilling of four new wells, three in Angola and one in Tanzania. For 2013, three drillings are planned – one in Namibia, another in Gabon and the last in Benin. [1]

Petrobras Biocombustíveis (PBio), in turn, has growing participation in Brazilian government initiatives in the sense of making some African countries important producers of ethanol and biodiesel. Through its association with the French Tereos, PBio is expected to extend its ethanol production to Africa.

The main projects related to agricultural production in which Brazil is present in Africa are concentrated in Mozambique and are analyzed below.

---

[1] http: //observatoriodasempresas.blogspot.com.br/2011/09/petrobras-na-africa.html accessed on 10/5/12.

BNDES and Trade Relations with Africa

Through BNDES, Brazil also finances its exports to African countries. In the case of Angola, loans are granted for importation of Brazilian goods and services for infrastructure works, with oil receivables as guarantees. Disbursements to Angola in 2012 are forecast to total US$ 600 million. This model should soon begin to be copied in Ghana and Mozambique as well. For this, new guarantee options for some projects using receivables related to coal are being studied. [1]

From BNDES' perspective, the experience in Angola demonstrates that after the infrastructure other opportunities to finance projects in productive sectors may appear. Angola would be willing to use part of the funds from the new line of credit to foster productive sectors, including agriculture, that depends on the use of manpower and machinery.

In addition to Angola, BNDES has already made disbursements to Mozambique. The Ghana government is interested in creating a US$ 1 billion line to finance infrastructure projects. With recently-discovered oil reserves and an established regulatory framework, Ghana has the conditions to offer guarantees based on oil receivables, similar to what has already become routine in Angola.

---

[1] Francisco Góes. Brazil wants to replicate its trade model with Angola in other African countries. *Valor Econômico* newspaper, 5/2/12.

Chapter 2   Cooperation in Mozambique

In addition to the agreements already mentioned, Brazil and Mozambique signed six new cooperation agreements in 2011, according to the Agência Brasileira de Cooperação, in the following areas: "Modernization of Mozambican Social Security"; "Legal Training of Teachers and Magistrates"; "Implementation of a Human Milk Bank and Lactation Center in Mozambique" ; "Support for Implementation of a Tele-Health Center, a Library and a Mozambican Distance Education Program in Women's, Children's and Adolescent's Health"; "Methodology Training and Transfer for the More Food Africa Program in Mozambique"; and "Implementation of Community Seed Banks and Training for recovery, multiplication, storage and use of traditional seeds, also called 'crioula,' in areas of family farming."[①]

1.Vale

Coal in Moatize

Investments by large Brazilian companies in Mozambique began in the 1990s. In 2004, Vale obtained exploration rights for the reserves of two coal mines in Moatize, in the Zambeze River basin, in the Tete province. The mine was opened in July 2007 with investments of US$ 1.7 billion. It is the second largest open-pit coal mine in the world and the largest mining project outside Brazil. In 2012, its first complete year of operation, the mine produced 3.8 million tons. Production is forecast to be

---

① ABC. Available at http://www.abc.gov.br/abc_por/webforms/interna.aspx?secao_id=105&Idioma_id=1.

9.7 million tons in 2015. The Moatize II mine should begin production in 2015. The total Vale investment in Moatize should reach US$ 8.5 billion, corresponding to more than half the country's GDP.

Those Affected by Vale

Installation and operation of the Vale mine in Moatize forced the resettlement of more than 1,300 families. Because their legal rights were ignored, protests by these families are constant. According to Ação Académica para o Desenvolvimento das Comunidades Rurais (ADECRU) (Academic Action for the Development of Rural Communities), they claim indemnification and fair compensation for the loss of their main source of income, related to the manufacture of baked tiles, and immediate provision of alternative areas and sources of income generation. During the public consultation and participation process, Vale committed to indemnifying and compensating each person involved in this activity with an amount equal to US$ 3 to 4 thousand, but they only received US$ 2 thousand. [1]

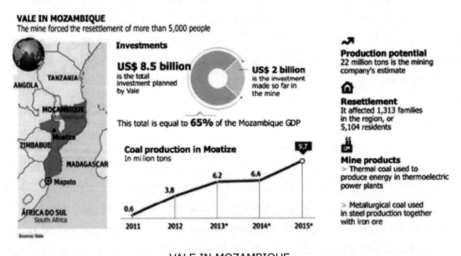

VALE IN MOZAMBIQUE

Source: Folha de São Paulo newspaper

---

[1] Those Affected by Vale Block and Force the Stoppage of the Mine in Mozambique http: //adecru. wordpress.com/?s=Atingidos+pela+Vale+Bloqueiam+e+For%C3%A7am+a+Paralisa%C3%A7%C3%A3o+da+Mina+em+Mo%C3%A7ambique&submit=Termo.

According to statements collected by Folha de São Paulo, there is not sufficient water near the lands allocated to those resettled and many are unable to plant anything. "They promised us two hectares of land and only gave us one, and the land is bad and nothing will grow," says João Salicuchepa Gimo, 39 years of age, who lives with his wife and seven children in the Cateme settlement.

Far from the city, they can no longer do the moonlighting work that supported them. "Before, we earned additional income by selling clothes in the city, the family was able to earn US$ 300 per month. Now, we are so far from Tete that we can no longer do this."[1]

Transportation Infrastructure

In 2010, Vale acquired 51% of the shares of Sociedade de Desenvolvimento do Corredor do Norte SA (SDCN) (Northern Corridor Development Company SA), belonging to the Mozambican company, Insitec SGPS. SDCN controls 51% of the Corredor de Desenvolvimento do Norte (CDN) (Northern Development Corridor) and the Central East African Railway (CEAR).

CDN is responsible for the concession of a 872-km. railway stretch in Mozambique, which connects Entrelagos, in Niassa province, to the port of Nacala, in Nampula province in northern Mozambique, and that of the port of Nacala itself. CEAR has the concession for the entire Malawi railway system that currently consists of 797 km. of railways connecting all the country in the North-South and East-West axes.

The CDN and CEAR railway systems are interconnected and near the Moatize mineral region in Tete province. This infrastructure, while making expansion of Moatize capacity feasible, also will serve to transport phosphate rock from Evate to the east coast of Africa, as well as the production from the Zambian copper belt, in addition to other cargo from the Zambia-Malawi-Mozambique axis. The operation is part of the Vale strategy to build infrastructure to transport its production in central and eastern Africa, which will also include construction of a new deep-water marine terminal in Nacala.[2]

In 2012, the Mozambique government approved a concession to build and exploit

---

[1] Patrícia Campos Mello. Vale Megaproject is Target of Protests in Mozambique. *Folha de São Paulo* newspaper, 4/22/13.

[2] Vale Structures Logistics to Support its Operations in Africa. www.vale.com.br/pt-br/investidores/press-releases/paginas/vale-estrutura-logistica-para-apoiar-suas-operacoes-na-africa.aspx.

a 780-kilometer railway line between Moatize and the Port of Nacala, on the Indian Ocean. The work will be carried out by a consortium in which Vale holds 80% and the Mozambique government, through the CFM state enterprise, holds 20%. The total investment is estimated at US$ 1.5 billion. The Mozambique government expects that, in addition to cargo, the trains will also be able to transport passengers, just like the lines operated by Vale in Brazil: Vitória-Minas and Carajás-São Luís, in Maranhão.

However, the first experience with the Sena railway connecting Moatize to the Port of Beira, in addition to not meeting the demand to transport passengers, is also the reason for discord between Vale and Rio Tinto, another mining company that is exploiting coal from Benga in the Moatize district.

With construction of the railway, another stretch will be feasible: the railway line between the neighboring country of Malawi and Moatize. Malawi has not coastline and the railway could be an alternative for the import and export of products and transport of passengers. Vale has also already shown interest in construction and operation of this stretch, with an implementation cost estimated at US$ 700 million. [1]

Phosphate in Monapo

In June 2012, Vale Moçambique started studies designed for phosphate prospecting and exploitation at the Evate mine in the Monapo district, in Nampula province.The project is in the second of three stages planned for execution of the feasibility studies. [2]

The mine was contracted to Vale Moçambique, for 28 years. With the phosphate, Vale intends to build an industrial complex for production of fertilizers, in the coastal district of Nacala-a-Velha, to meet demand from agribusiness that should be established along the Nacala Corridor. The project, budgeted at US$ 3 billion, will be located in the Nanare zone, in a 700-hectare area.

---

[1] Emerson Penha. Vale will Construct a Railway in Mozambique. EBC, 7/4/12. http: //agenciabrasil.ebc. com.br/noticia/2012-07-04/vale-vai-construir-ferrovia-em-mocambique.

[2] The second largest in the world in production of phosphate rock. http: //obraspelomundo.blogspot.com. br/2013/04/a-segunda-maior-do-mundo-em-producao-de.html

2.Odebrecht

Odebrecht is also present in construction of Vale coal mining facilities in Moatize, in conjunction with Camargo Corrêa. In addition to mine, infrastructure and highway works and the construction of a coal processing plant, Odebrecht is also in charge of building houses for the families displaced by the construction.

The homes donated to the families, built by Odebrecht and an outsourced company, are being rebuilt for the second time and many are living in tents. A few months after being delivered, cracks and leaks began to appear. Erosion began to damage the structure of the houses. [1]

The company is also responsible for construction of the international airport of Nacala, with inauguration planned for 2013, budgeted at US$ 114 million. It is counting on US$ 80 million in financing from BNDES and on the Coal Terminal-Quay 8, in the Port of Beira, for which financing of US$ 220 million from BNDES is expected.

3.Camargo Corrêa

In addition to the consortium with Odebrecht for the Vale mine in Moatize, Camargo Corrêa has business in Mozambique in the areas of cement production and construction of a hydroelectric power plant.

In 2010, Camargo acquired 51% of Cimento de Nacala (CINAC) (Cement of Nacala), from the Mozambican Insitec group. The unit, in the port city of Nacala, in Nampula province, has installed capacity to produce 350 thousand tons of cement per year. [2] In 2012, it also assumed shareholder control of Cimento de Portugal (CIMPOR) (Cement of Portugal), by purchasing 95% of its capital. The production unit, with capacity for 1 million tons per year, is located in the Matola district, in Nampula.

In 2007, the Camargo company won the concession to build the Mphanda Nkuwa hydroelectric power plant on the Zambeze River. It will be a total investment of US$ 5

---

[1]　Patrícia Campos Mello. Vale Megaproject is Target of Protests in Mozambique. *Folha de São Paulo* newspaper, 4/22/13.

[2]　Brazilian Camargo Corrêa Cimentos acquires control of cement company in Mozambique. http://www. macauhub.com.mo/pt/2010/06/14/9244/.

billion, almost half of the Mozambique GDP, in the second largest plant in the country and in a 1,500-km. transmission system integrating the North to the South.

Camargo won the concession for the project with the local companies Insitec and Eletricidade de Moçambique (Mozambique Electricity Company). The plan was to begin it at the start of this year, but it was postponed to January 2015. The major challenge is to ensure financing: credit depends on an energy supply contract. The government is negotiating with South Africa and other countries.

To carry out the project, the company will have to remove 400 families and should spend US$ 3.5 million with preparations for resettlement, training, field research and other activities. The plant already has received a provisional environmental license and the definitive one will be issued once the resettlement plan is ready, a rule adopted after the Vale case.

"We are going to suffer if we have to leave here, we take everything from the river,"says Razia Alberto, 35 years of age. Her husband is a fisherman, and she and her four children live by planting corn and selling fish, which brings in about US$3 per day. "All my forefathers lived here." "We do not know how we are going to earn a living if we are taken far from the river," she says in Nhungue, the local language. [1]

4.Guarani: Petrobras and Tereos

Mozambique is very interested in replacing gasoline, since it imports 100% of the oil it consumes. The country's government is studying introduction of a mandatory 10% mixture of ethanol to gasoline.

Guarani, whose capital is divided between Tereos and Petrobras Biocombustíveis, already has a sugar production plant in Mozambique, Companhia de Sena, with an annual milling capacity of 1.2 million tons of sugarcane. In December 2011, Guarani announced the start of studies to produce ethanol in that country, in partnership with Petróleos de Moçambique (Petromoc). The new plant will be built next to the already existing unit, taking advantage of the sugarcane syrup currently sold

---

[1] PCM. Camargo Côrrea Tries to Avoid a Conflict Similar to that of Vale in Mozambique. http://www1.folha.uol.com.br/mundo/2013/04/1266524-camargo-correa-tenta-evitar-conflito-similar-ao-da-vale-em-mocambique.shtml

to produce animal feed. The strategy is to produce biofuel without affecting the growth in the supply of sugar, a product for which Mozambique also depends on imports.

5.Eletrobras

In the area of state enterprise investments, Eletrobras is one of the large companies operating in Mozambique. As part of its internationalization initiatives, the company will participate in installation of two transmission lines, each close to 1.5 thousand kilometers in length, extending from the Mphanda Nkuwa hydroelectric power plant to be constructed by Camargo Corrêa. The state-owned energy companies of Mozambique (EDM), France (EDF) and South Africa will be partners of Eletrobras in the transmission line project.[1]

When it enters operation, the system will practically double the supply of energy in Mozambique, a country that has only one large hydroelectric power plant, and complement the supply with generators driven by fossil fuels installed in cities and towns. Preliminary discussions indicate that Eletrobras will enter with 49% of the shares of the projects. Control (51%) will be maintained by the Mozambique state-owned energy company, EDM. [2]

6.BNDES

BNDES has already made disbursements to Mozambique. The bank turned its attention to this African country in the wake of the Moatize coal project of Vale that still has not been considered for financing. But BNDES is participating in another project, construction of the airport of Nacala, which Odebrecht is in charge of. Between US$ 120 and US$150 million should be financed by the bank for purchase of Brazilian goods and services for the airport. It is expected that the installation of

---

[1]   Glauber Gonçalves. Eletrobras Will Enter a Partnership with a French State Enterprise. Agência Estado, 9/3/12. Available at http: //economia.estadao.com.br/noticias/negocios%20geral,eletrobras-fara-parceria-com-estatal-da-franca,125313,0.htm.

[2]   Vladimir Platonow. Eletrobras Internationalization Project Prioritizes Investments in Africa and in South America. Agência Brasil, 4/18/12. Available at http: //agenciabrasil.ebc.com.br/noticia/2012-04-18/projeto-de-internacionalizacao-da-eletrobras-prioriza-investimentos-na-africa-e-na-america-do-sul

a free zone and a port in Nacala will be financed.

In 2012, disbursements to Brazilian companies for projects in African countries (Angola and Mozambique) totaled US$ 681.9 million, an amount 46% higher than the US$ 466 million in 2011.

Luciene Machado, superintendent for the BNDES export area, estimates that the bank portfolio of projects in Mozambique, including construction of a dam by Andrade Gutierrez, should be around US$ 500 million [1]. There are other projects being considered that are not included, such as a power generation plant in the north of Mozambique, on which Camargo Corrêa is working. For this project, the bank has been trying to build a first operation with coal receivables as a guarantee. The idea is that part of the royalties paid by Vale to the Mozambique government for exploiting coal will be placed in an account to serve as a guarantee for the loans offered for projects.

In April 2013, BNDES created a new division that will take care of matters related to Africa, Latin America and the Caribbean. The purpose is to increase financing to Brazilian companies that export goods and services to the countries of these two regions. The creation of the new division is taking place after BNDES president Luciano Coutinho stated that the bank had abandoned the policy of creating "national champions," which encouraged the formation of large Brazilian companies for the purpose of competing in the international market. [2]

---

[1] Francisco Góes. Brazil Wants to Replicate its Trade Model with Angola in Other African Countries. *Valor Econômico* newspaper, 5/2/12.

[2] http: //oglobo.globo.com/economia/bndes-cria-nova-diretoria-para-america-latina-africa-8201330#ixzz2TRHMKXif

Chapter 3   ProSavana Triangular Cooperation Program for the Development of Tropical Forests in Mozambique

In 2009, the United Nations Food and Agricultural Organization (FAO) and the World Bank (Bird) published the "Wakening the Giant" study (World Bank and FAO, 2009). According to the document, the savannah region that extends from Senegal to South Africa, called the Guinea Savannah, which covers 25 countries, has farming potential of 400 million hectares, of which only 10% is currently used. The cases of the Brazilian savannah and the northeast of Thailand were used as references to assess the potential for taking advantage of similar areas of the African Savannah in Mozambique, Nigeria and Zambia. The products chosen for comparison (cassava, cotton, corn, rice, soybeans and sugar) were those considered most important for agricultural production in the corresponding regions of Thailand and Brazil.

The most recent data of the National Institute of Statistics of Mozambique (INE) indicates that:

"Currently, 70% of the population of Mozambique live in rural areas and the majority depends on subsistence farming. Although there have been noteworthy efforts to solve the problem, agricultural productivity is extremely low, and this, combined with high vulnerability to cli- matic shocks means that much of the population suffers from chronic food in- security and the yield of agricultural prod- ucts is low and unpredictable."[1]

---

[1]   Quadro das Nações Unidas para Assistência ao Desenvolvimento de Moçambique 2012-2015 (Picture of the United Nations on Development Assistance to Mozambique, 2012-2015). www.undp.org.mz./Picture

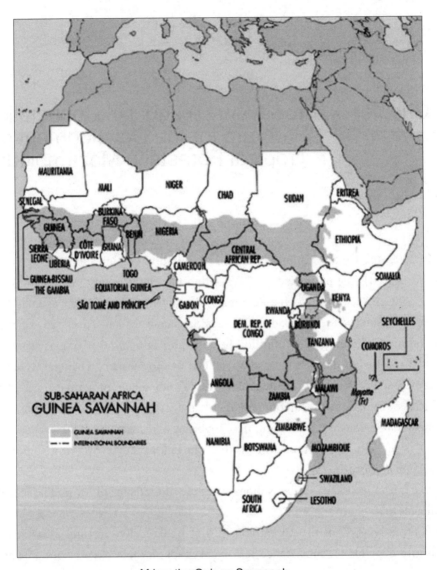

Africa–the Guinea Savannah

Source: http://m.reliefweb.int/report/13334

In 2010, the most populous provinces were Nampula and Zambezia, in the North of Mozambique, both with more than 4 million people, making up 40% of the country's total population. The per- centage of the rural population in the two provinces is from 70 to 80%, an average higher than that of the country as a whole.

It is in this context that the governments of Mozambique, Brazil and Japan announced a joint initiative that would be able to take advantage of the knowledge acquired from the Japanese Brazilian Cooperation Program for Agricultural Development of the Savannah (Prodecer), developed in the mid-1980s. It should be emphasized, however, that the socioeconomic situation of the Brazilian Savannah region is significantly different from that of the African Savan-nah. And that, therefore, new models of sustainable agricultural development, specific for each of the regions covered, will be necessary. The official bodies involved in this initiative further emphasize that, in these new models, factors such as human security, food security, rural poverty reduction and nature conserva-tion need to be considered.

Launched in 2009, ProSavana is a triangular cooperation program between the governments of Mozambique, represented by the Ministry of Agriculture, Brazil, by the ABC and Embrapa, and Japan, by the JICA. It is currently the largest cooperation initiative in the history of the Japan-Brazil Partner- ship Program (JBPP) launched in 2000. Its structure comprises the execution of technical cooperation projects that, as described in the official documents, contribute to the agricultural development of the northern region of Mozambique known as the Nacala Corridor.

"Its focus will be rural and regional agricultural development in a competitive way and with socio-environmental responsibility, promoting food security in Mozambique and the establishment of a market-guided productive system" (JICA, 2011).

The program is inspired by the experience acquired through the Brazilian agricultural and livestock development programs carried out in partnership with the International Cooperation Agency of Japan (JICA), mainly the experience and results of Prodecer and the Directed Settlement Programs in the Federal District (PAD-DF), developed beginning in 1973 (Embrapa, 2011).

Like Prodecer, ProSavana has a 20-year horizon. The initial preparatory study, already developed within the scope of the program, defined its breakdown into three basic components:

The first, Research Project (ProSavana-PI), initially called ProSavana-

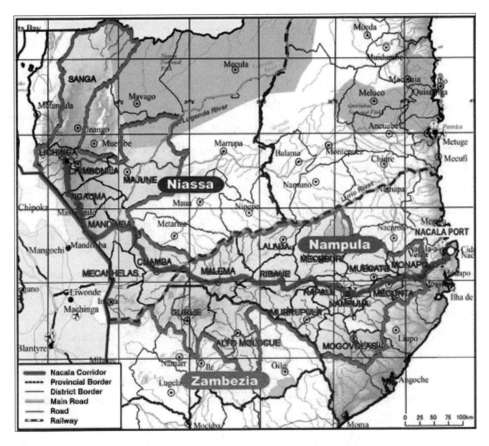

The Nacala corridor

Source: ProSavana-PD

TEC, has the improvement of the research and technology transfer capacity for agricultural development in the Nacala Corridor as its objective;

The second, Master Plan (ProSavana-PD), aims to prepare a comprehensive plan of agricultural development for the Nacala Corridor;

The third, Extension Project (ProSavana-PE) has the implementation of pilot production projects in the area of family and commercial agriculture as its objective.

Component 1 – Improvement of research and technology transfer capacity

The first component, ProSavana-PI, has the improvement of the research capacity of the Agricultural Research Institute of Mozambique (IIAM) and tropical agriculture technology transfer as its main objective. Other activities present in this component aim to establish appropriate agricultural models for the region and carry out studies to support preparation of the Master Plan. For this reason, ProSavana-PI was the first of the components of the program to be put into practice. It started in 2011 and it is planned to last five years. Its specific objectives are to (Embrapa, 2011):

1. Strengthen the operational and dissemination technology of the central zones in Nampula and Lichinga;

2. Assess the socio-economic conditions and develop methods and criteria to evaluate the socio- environmental impacts of the use of new technology;

3. Identify and assess the conditions of natural resources for the practice of agriculture in the Nacala Corridor and make technology available for their sustainable use;

4. Develop and make available efficient technological solutions for agricultural cultivation and animal production; and

5. Develop and validate, in conjunction with the farming communities, agricultural technology in selected demonstration units.

ProSavana-PI, begun in May 2011, will have the support of Japanese and Brazilian tropical agriculture research institutions, through Embrapa, to qualify the research and development activities of the Agricultural Research Institute of Mozambique (IIAM). JICA and ABC will work together to coordinate the activities.

US\$ 14.68 million will be spent over this period, of which US\$ 6.19 million (42.1%) will be financed by the Brazilian Cooperation Agency (ABC); US\$ 6.43 million (43.8%) by Embrapa in equivalent technical hours; US\$ 2.07 million (14.1%) by the Mozambique government in equivalent technical hours and other cost expenses. (Embrapa, 2011)

Component 2 – Master Plan

The studies designed to prepare the Master Plan were initiated in March 2012 and its final version should be completed in October 2013. It covers close to 14 million hectares where 4.3 million people lived in 2011. The Plan involves 19 provinces located in three districts:

—Nampula Province: Monapo, Meconta, Muecate, Mogovolas, Nampula , Murrupula, Mecuburi, Ribáuè, Lalaua, Malema.

—Niassa Province: Lichinga, N' Gauma, Mandimba, Cuamba, Sanga, Majune, Mecanhelas.

—Zambezia Province: Gurue, Alto Molocue.

A zoning of the classes of agricultural practices was initially made, aiming to identify possible production arrangements and scales of production in each district. For this, five stages were established:

a. Environmental zoning, subdividing the districts into classes of environmental vulnerability;

b. Socio-economic zoning, taking indicators such as rural population, transportation infrastructure, cultivated areas and literate population into account;

c. Socio-environmental vulnerability, dividing the districts into four distinct classes;

d. Mapping of soil use and cover;

e. Scales of production, describing areas suitable for large-scale commercial production, medium-scale commercial and family production and small-scale production.

Based on these references, the region covered by the program was subdivided into six distinct zones, establishing one for each of the different development strategies, as follows.

Zone I – Food supply to Nacala port area, and production of high-value crops

1) Major crops promotion: Maize to fulfill the inter-zonal demand; Cassa-

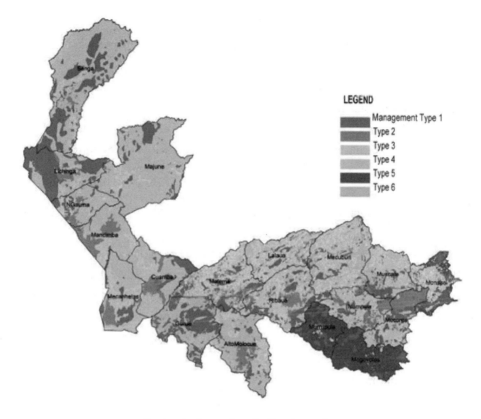

Zoning by type of agricultural practice

Source: ProSavana–PD

va, groundnuts and vegetables to fulfill the inter-zonal demand, and to Nacala port area and coastal districts;

Cowpeas, pigeon pea and sesame to fulfill the inter-zonal demand, as well as for exporting.

2) Development of small-scale maize and cassava processing mills.

3) Replacement of old cashew trees and revitalization of the cashew industry.

4) Promotion of cotton production and the related processing facilities.

5) Supporting small scale pump irrigation for vegetables   production.

6) Rehabilitation of defunct irrigation facilities for producing vegetables

and other high value crops.

7) Fostering "leading farmers" to be a core of farmer associations/ cooperatives.

8) Development of farm commodity logistics connecting to Nacala port area and coastal districts.

9) Careful control over new farmland expansion in Monapo.

10)"Reforestation" in order to provide biomass as a substitute for native forests.

Zone II – Agribusiness center of the eastern Nacala Corridor

1) Major crops promotion: Maize to fulfill the inter-zonal demand; Cassava, groundnuts and vegetables to fulfill the inter-zonal demand and for processing; Cowpeas, pigeon pea and sesame to fulfill the inter-zonal demand, as well as for exporting.

2) Development of small-scale maize, cassava and rice processing mills.

3) Development of medium to large-scale agro-processing industries.

4) Replacement of old cashew trees and revitalization of the cashew industry.

5) Promotion of cotton production and the related processing facilities.

6) Supporting small scale pump irrigation for vegetables production.

7) Rehabilitation of defunct irrigation facilities for producing vegetables and other high value crops.

8) Fostering leading farmers to be a core of farmer associations/ cooperatives.

9) Development of inter-zonal farm commodity logistics.

10) Careful management over new farmland expansion (Effective use of fallow farmland and existing agricultural DUAT area).

11) Reforestation in order to provide biomass as a substitute for native forests.

12) Rehabilitation of road between Nampula and Mogovolas.

Zone III – Granary development in the Nacala Corridor

1) Major crops promotion to cover all Nacala Corridor, mainly Nampula and Cuamba.

2) Promotion of vegetable production, especially onion and garlic.

3) Promotion of soybeans production for processing (edible oil & animal feed).

4) Development of small-scale maize, sorghum and cassava processing mills.

5) Development of medium to large-scale agro-processing industries.

6) Promotion of cotton production and the related processing facilities.

7) Promotion of tobacco production.

8) Development of poultry industry.

9) Supporting small scale pump irrigation for vegetables production.

10) Rehabilitation of defunct irrigation facilities in order to produce vegetables and other high value crops.

11) Fostering leading farmers to be a core of farmer associations/cooperatives.

12) Development of corporate farms, and promotion of contract farming.

13) Effective use of fallow farmland and the existing agricultural DUAT area.

14) Development of farm commodity logistics connecting to Nacala, Nampula and Cuamba.

15) Rehabilitation of rural road networks.

Zone IV – Production of special high value crops

1) Promoting vegetables and potato production taking advantage of cool climate.

2) Replacement of old tee trees and revitalization of the tea industry.

3) Development of small-scale maize, sorghum and cassava processing mills.

4) Fostering leading farmers to be a core of farmer associations/cooperatives.

5) Careful control over new farmland expansion.

6) Rehabilitation and development of rural road networks.

7) Reforestation in order to provide biomass as a substitute for native forests.

Zone V – Strategic logistics hub and processing center of farm commodities

1) Major crops promotion:
Maize and beans to fulfill the inter-zonal demand and for processing;
Production of soybeans for processing (edible oil and animal feeds) and for export;
Vegetables to fulfill the inter-zonal demand and for exporting to Malawi.

2) Development of small-scale maize, sorghum and rice processing mills.

3) Development of medium to large-scale agro-processing industries.

4) Promotion of cotton production and the related processing facilities.

5) Promotion of tobacco production.

6) Development of poultry industry.

7) Development of pump irrigation system for producing vegetables and other high value crops.

8) Fostering leading farmers to be a core of farmer associations/cooperatives.

9) Development of corporate farms, and promotion of contract farming.

10) Effective use of fallow farmland and the existing agricultural DUAT area.

11) Development of farm commodity logistics connecting to the whole country and Malawi.

12) Development of supporting industries for agriculture production and processing.

Zone VI – Development of new farm commodity value-chain

1) Major crops promotion:

Maize to fulfill the inter-zonal demand and for processing;

Production of soybeans for processing (edible oil and animal feeds) and for export.

2) Promoting vegetables, haricot beans and potato production taking advantage of cool climate.

3) Development of small-scale maize processing mills.

4) Development of medium to large-scale agro-processing industries.

5) Promotion of tobacco production.

6) Development of poultry industry.

7) Rehabilitation of defunct irrigation facilities in order to produce vegetables, haricot beans, potato and other high value crops in Lichinga.

8) Fostering leading farmers to be a core of farmer associations/ cooperatives.

9) Development of corporate farms, and promotion of contract farming.

10) Development of farm commodity logistics connecting to Cuamba, Pemba and Malawi.

11) Harmonized management over new farmland expansion with socio-environmental interest.

12) Rehabilitation and development of rural road networks.

The Clusters

The intermediate version of the ProSavana Master Plan, of March 2013, defined the concept of clusters for agricultural development as follows:

Clusters are strategic approaches to accelerate development in the interior of a particular territory. The central axis of development of these strategies is the idea of one or more value chains with synergistic potential and in the context appropriate for the territory, in order to channel efforts toward its achievement in a shorter time than would be the case in the absence of in-

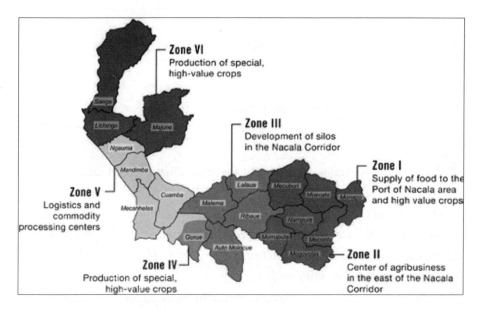

ProSavana: Zoning of the study area

Source: ProSavana–PD

tegrated and specific actions. All producers, companies and institutions tied to the central value chain, such as input suppliers, suppliers of machinery and specialized infrastructure or competing entities, represent the constituent elements of clusters. They involve sales channels, consumers, producers of complementary goods and companies in related sectors. They can also include government institutions, universities, training and commercial centers. (ProSavana, 2013)

Production clusters, defined based on the Zoning, are the base for political, social and especially economic development of the Nacala Corridor. Each of them will cover a variety of agricultural suppliers, industries and service companies, where those involved will range from domestic producers and foreign corporations to small Mozambican farmers, working together and in synergy with their components. These clusters, in addition to the internal synergies, should also generate synergy between each other.

According to the intermediate version of the Master Plan (ProSavana, 2013), clusters were recommended for areas identified as extremely vulnerable from the social or environmental point of view, which will allow family production of basic foods, making feasible the involvement of a large number of farmers who will produce high value-added food, such as vegetables and poultry.

The creation of seven clusters shown on the following map was recommended in this version of the Master Plan, as one of the first ProSavana activities.

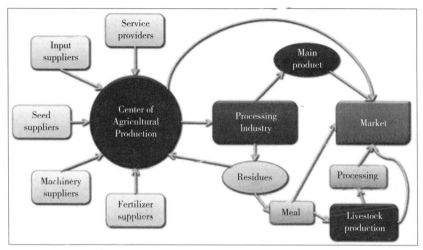

Development Cluster Concept

Source：ProSavana–PD

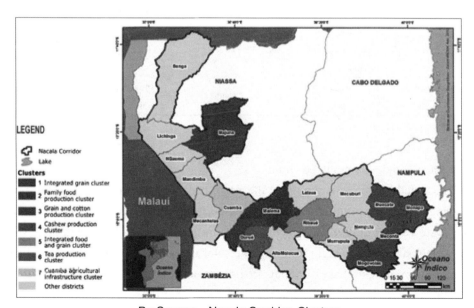

ProSavana：Nacala Corridor Clusters

Source：ProSavana–PD

The main characteristics of each of these seven clusters are described in the following table.

Proposed Agricultural Clusters

Cluster	Main production category	Initial location suggested	Possible components
Integrated Grain	Commercial	Zone VI: Majune, expandable to Zone V: N' gauma	Soybeans, corn, sunflowers, elephant grass and poultry farming
Family Food Production	Family	Zona III: Malema	Corn, cassava, cotton, vegetables and peanuts
Grains	Medium and large-scale commercial	Zone V: Lioma Plain (Lioma Administrative Station, Gurue)	Soybeans, corn, cotton and poultry farming
Cashew	Medium-scale commercial and family family	Zones I and II: Monapo, Mogovolas, Meconta, Muecate	Cashew nuts, corn, beans, cassava, peanuts, sesame, vegetables and eucalyptus
Cluster	category	suggested	Possible components
Integrated food and grain	All categories	Zona III: Ribáuè	Soybeans, corn, cotton, seeds, vegetables and poultry farming
Tea	Medium-scale commercial and family	Zona IV: Gurue	Tea
Agricultural Infrastructure	Non-agricultural activities	Zona V: Cuamba	Infrastructure, logistics, inputs and services

Source: ProSavana-PD

1.Integrado de 1. Integrated Grain

The stated objective is supply of the local economy with cultivation and processing of grains, highlighting soybeans, corn and sunflowers, associated with a private capital chicken agribusiness. At the beginning a single company will be responsible for managing the entire cluster operation, operating in a vertical manner from the purchase of inputs to industrial processing.

The current version of the Master Plan states that this cluster should be initially established in the Majune district, in Niassa Province, that shows low social and environmental vulnerability. And that the model can be copied, with some restrictions, in the rest of Zones I, V and VI.

2. Family Food Production

Its objective would be to train and strengthen family farms focused on production of food and commercial crops. Cultivation of cassava for industrial ends is planned, together with corn, peanuts and cotton. One thousand farmers would be involved and the investment would be public, through the extension provided by IIAM and the District Economic Activities Service (SDAE). The industrial unit to process cassava will be built with private funding.

The region initially recommended for this group is the Malema district, in Nampula Province. Most of the district was defined as having low social and environmental vulnerability, as well as having a good volume of water resources and good soil conditions for development of irrigated agriculture. The experience can also be developed in all the zones, if the processing of corn is considered as an alternative to cassava processing.

3. Grains

Different initiatives will be structured with the objective of attracting investments that should be public- private, such as works to improve the local infrastructure. The public sector should be involved by means of partnerships and by providing tax incentives.

Creation of a cluster in the Gurue district, in Zambezia Province is recommended. According to the report, the region has areas subject to greater environmental vulnerability. Its characteristics and location in the Nacala Corridor offer good opportunities for integration with Groups 5 and 7.

4. Cashew

The objective is to structure the cashew production chain by formalizing its sale, increasing cashew nut production, and adding value to the product by means of public and private initiatives. Production techniques need to be improved. The economic support organizations should be strengthened, based on a participatory methodology, for the purpose of designing a sustainable production chain. The project also intends to encourage the mixed planting of other agricultural crops, as well as use 50% of the areas for food crops.

In principle, the recommended districts are Monapo, Mogovolas, Meconta and

Muecate, in Nampula. Many farmers in the region currently grow cashew. The region also offers a good logistical advantage since it is close to the city of Nampula, a large consuming center, and also close to the Port of Nacala.

5. Integrated Food and Grain

This is designed to structure seed production and the food production chain, working with industrial production and family farmers, incentivized to create associations of small farmers. Seed production will be the central activity, seeking to reach increased productivity targets established in the Master Plan. During the initial phase there will be a single company involved in seed production and farmers will be integrated with it under contract. Soybeans, cotton, sunflowers (grown by the company), corn, cowpeas, peanuts and sesame (grown by family farmers) will be the main crops. In addition to production, the company will be responsible for purchasing inputs and machinery necessary for production.

Initially, the cluster will be developed in Zone III, in the Ribáuè district in Nampula. It may also be developed in Zones I, II, V and VI. There is good infrastructure that ensures transport of production to Nampula and Cuamba, consuming markets, thus allowing seed distribution throughout the entire Nacala Corridor.

6. Tea

This cluster will be established in Gurué (a district whose province has the same name), since the tea industry established there is the only one in the country. Gurué tea is a famous brand in Mozambique and close to 85% of the total produced is exported. Due to the fact that the agricultural area available for other crops is limited in Zone IV, the tea industry should play a vital role in the development of the local economy. To revitalize the tea industry, trees with more than 70 years of age will be replaced by seedlings of an improved variety imported from Malawi.

In addition, an integrated production scheme will be promoted by the Gurué Association of Tea Producers. A "reforestation" package should be implemented, since the tea industry consumes large amounts of wood in the leaf drying process and the availability of firewood is low.

7. Cuamba Agricultural Infrastructure

Its objective is the development of the necessary basic infrastructure, which

includes the distribution of products and services focused on agricultural development and agribusiness. Investments will be attracted by establishing a Special Economic Zone (ZEE) that will offer private sector tax incentives for this purpose.

The Cuamba district, in Niassa, in Zone V, should host the pioneer cluster. The
region is strategically located in the center of the Nacala Corridor and, currently has poorly developed infrastructure. The cluster can also be established
in Zones I, II, III and VI. It is expected that there will be a number of private
agribusiness facility initiatives and that suppliers of machinery, inputs and services will be established in Cuamba after creation of the ZEE. Government actions
to develop social infrastructure are also expected.

Components of the Master Plan

Thirty-two projects make up the Master Plan. They are divided into two categories
according to the characteristics of their activities and the expected products: Platform
Projects and Pioneer Model Projects for the Development of Clusters.

For both, the selection criteria for those considered priorities take into account
their importance for reaching the development goals planned for each zone in the
initial phase of ProSavana (2014-2020). In the case of the Pioneer Projects, those
that depend on the participation of private investors are also considered priorities.

Platform Projects

These aim to create an appropriate environment to drive agricultural and
agribusiness production, also promoting private investment. These projects
are primarily those to be implemented along the entire zone. They also include some commodity production projects that aim to promote specialized
value chains in a particular area. Details on the characteristics of this project
and the role of Embrapa in its development will be further on.

Pioneer Model Projects for the Development of Clusters

These indicate and lead the development of the cluster. They are implemented and developed basically by the private sector. Even if this type of project is initially implemented in a particular zone, it can expand widely, in some cases, beyond that zone. These projects are considered experiences to be absorbed and reproduced.

Current Stage of Implementation of the Pilot Projects

The Fund for the ProSavana Development Initiative (PDIF) was launched in September 2012, with initial capital of US$ 750, 000, to finance the first stage of private business activities. The origin of the resources is the Mozambique Ministry of Agriculture, with funds from the Food Support (Kennedy Round), granted by the Japanese government.

A call for submission of proposals was made in September and October of the same year. Fourteen proposals were submitted by agribusiness companies, five of which were selected in October and November 2012. Since then, these companies have been developing corn, soybean, bean and sunflower cultivation, as well as seed propagation, involving family farmers through integration contracts, as described in the following table.

PDIF—The first five companies selected

Company	District	Products	Value (1, 000 MT)
Lozane Farms	Alto Molocue	Seeds (soybean and corn), soybeans, vegetables	2,500
Ikuru	Monapo Mogovolas	Sunflowers in Monapo and peanuts in Mogovolas	2,860
Oruwera	Murrupula Mogovolas	Corn, peanut and sunflower seeds	2,800
Matharia	Ribaue	Soybeans and tomatoes	1,640
Santos Agrícola	Meconta	Tomatoes, onions, garlic, cabbage and carrots	1,680

Source: ProSavana—PD

Quick Impact Projects（QIPs）

Among the projects defined as priorities in the Master Plan, the so-called Quick Impact Projects (QIPs) were selected. The QIPs are defined as those that will produce visible results in the short-term, with improvements in productivity and an increase in income for the beneficiaries. The set of eligibility criteria for the projects is as follows:

QIPs–Project selection criteria

1.	Produce a visible and attractive impact in the short-term (1 to 6 years)
2.	Simplicity in the formulation of structure for executing the project (it can be easily and quickly executed without long preparatory work)
3.	Level of impact in achieving the development objective in accordance with the zone development strategy
4.	Level of impact in achieving the development objective in accordance with the cluster development strategy
5.	High potential to develop agricultural and agribusiness production in the Nacala Corridor
6.	Availability of financing options for implementation of the project (especially for private investments)
7.	Degree of involvement of small-scale farmers (especially for private investments)

Source: ProSavana–PD

These projects are expected to attract donors to finance the projects proposed in the Master Plan for the Nacala Corridor. In addition, they will be used to begin the preparatory activities for the establishment of clusters in the planned locations.

In contrast to the private sector projects, the quick impact projects to be developed by the private sector will be autonomous in terms of formulation and implementation, which will be made according to the business plan of each company. However, since the majority of these projects hope to access the ProSavana financial scheme in order to cover the initial investment costs, the ProSavana executive body should coordinate the formulation of activities of these projects together with the agribusiness companies and the government bodies, to ensure compliance with the financing access requirements.

Quick Impact Projects–Public Sector

	Project Name	Location	Zone
1	Registration (DUATs) of land for medium and small farms	-Meplacha and Macoropa, in Cuamba	V
		-Chimbonila, Lichinga District	V
		-Nintulo, Gurue District	IV
		-Luelele, Mandimba District	V
2	Road improvement for commercialization	- Districts of Gurue and Ngauma	V
3	Promotion of quality seed production at the regional level	-IIAM center in the northeast of Nampula	III
		-Properties of the main seed producers	V
			VI
4	Promotion of vegetable production irrigated with small pumps	i) Monapo, ii) Meconta, iii) Ribaue or Malema and iv) Mandimba	I/II/III/V
5	Replanting of cashew trees	- Meconta, Monapo, Muecate, Nampula	I/II
6	Planning of reservation of areas for medium and large-scale investments	- Iapala, Ribaue District	III
7	Model project for family food production	- Malema District	III
8	Development of the special agricultural economic zone	- Cuamba District	V

Source: ProSavana–PD

The host regions and beneficiary groups with potential to execute the Quick Impact Projects will be identified in accord with the development strategies of the zones and clusters, as well as through a number of consultations with representatives of the district and provincial governments.

The investments by agribusiness companies, already underway or planned, are also considered candidates for these projects. Through interviews with representatives of agribusiness companies or review of proposals already submitted in October 2012, as previously mentioned, several projects were identified with potential to obtain results in the short term. These projects can be started in the near future, depending on the availability of resources to finance them.

Quick Impact Projects–Private Sector

	Private Sector Projects	Location	Zone
1	Expansion of the poultry sector	- Lichinga	VI
2	Production of soybeans under contract	- Lichinga	VI
3	Cassava processing plant and production of cassava and other crops under contracts with family farmers	-Lioma (or in the districts of alema, Cuamba or Gurue)	III/V
4	Production of soybeans under contract	- Lioma, Gurue District	V
5	Production of seeds under contract	-Ribaue District -Mecubri District	III I
6	Project to revitalize the tea industry: promotion of tea production under contract	- Gurué District	IV
7	Promotion of production of various crops under contracts with family farmers	-Meconta District (Namialo) -Ribaue District (Lapala)	I III
8	Construction of an industry for production of poultry feed and flour	- Cuamba District	V

Source: ProSavana–PD

Social and environmental aspects of the Quick Impact Projects

According to the intermediary report of the Master Plan (ProSavana, 2013), deeper considerations with respect to the social and environmental impacts of the QIPs will be presented only in the final version of the Master Plan. The 16 projects proposed have still not had their beneficiaries carefully defined nor their location or magnitude. For these reasons, it is not possible in the current stage to measure these impacts. At this stage, the report indicates that 6 of the 16 projects require complete environmental impact studies or simplified impact reports.

The report uses Project 6 as an example, "Planning of the reservation of areas for medium and large scale investments, "whose scope covers only research, delimitation and planning of the target area. Expropriation or involuntary resettlement actions if needed are not included in the project. However, it emphasizes that more detailed planning may indicate the need for such actions.

The expression "available lands" found in this project does not necessarily mean that these are free lands over which no one claims usage or occupation rights. The term means only that these lands may potentially be more available for investment projects than others. The existence of local people rights to access to the land, forest, water and other natural resources is not ignored. In addition, in this QIP, it is known that overlaps and other errors in the official DUAT registration have been reported in several cases, due to insufficient coordination between government institutions.

The report also highlights the fact that QIPs that plan to use the integrated production model will need to adopt fair criteria for family farmers who are the supposed beneficiaries, in addition to a mutual guarantee in case of noncompliance with the contract.

Also according to the report, six of the 16 projects present potential risk that their implementation may result in the need for involuntary resettlement. In spite of the uncertainties, the final version of the Master Plan should present reference terms for execution of these resettlement actions, to be followed both by public institutions and private companies. These terms, as found in the report itself, should be in accordance with Mozambican legislation on the matter, whose main requirements are to:

Ensure the participation of people or families involved in the involuntary resettlement process, recognizing and legitimizing organizations and leadership;

Prepare a resettlement plan with the understanding that the main objective is to improve the living conditions of the affected people;

Ensure effective compensation for losses relative to the current living situation of those affected;

Ensure assistance during the displacement and resettlement process in the selected locations;

Ensure, at least, maintenance of current living standards (income, production, access to services), and seek to improve these standards.

Component 3 - Improving Agricultural Extension

This third component aims to establish an inclusive agricultural development model for the various scales of production, supporting farmers and their organizations and also promoting an increase in production by offering agricultural extension services. It also has the objective of demonstrating and disseminating business models with high social benefits led by companies and groups of farmers.

ProSavana and the Role of Embrapa in Mozambique

Embrapa is involved, through the so-called Embrapa-ABC Mozambique Program, in some work fronts that, according to the company, should "strengthen the agricultural and livestock sector of that African nation, by adapting Brazilian technology to the specific conditions of the country, institutional development of the Agricultural Research Institute of Mozambique (IIAM) and the training of its technical staff."(Embrapa, undated)

The program is composed, in addition to ProSavana-PI, of two other projects that cover the main agricultural areas of that country.

Platform

Project of Technical Cooperation to Support the Platform for Agricultural Research and Technological Innovation in Mozambique (PIAIT). It has the objective of strengthening the agricultural and livestock research system in Mozambique through the following instruments:

1. Institutional strengthening of the IIAM;

2. Strengthening of the seed production system of the country;

3. Establishment of a territorial management system for agriculture;

4. Establishment of a communication and information system for transferring technology;

5. Establishment of a management, follow-up, monitoring and evaluation system for agricultural and livestock research.

This is a trilateral cooperation project between Brazil, the United States and Mozambique. Its coordinating agencies are the ABC and the United State Agency for International Development (USAID) and its executors are Embrapa and the Ministry of Agriculture of Mozambique. Embrapa states the results expected from this project as follows:

A revised Agriculture and Livestock Research Strategic Plan.

Preparation and validation of Central Zone Master Plans.

Establishment of policy guidelines for seed production and sale with strengthening of the sector.

Revitalized physical and equipment infrastructure.

Trained human resources for the IIAM sectors.

Provision of technical support for preparation, editing and implementation of operating manuals, norms and standards for the seed sector.

Analysis and mapping of natural resource potential for agricultural production with indication of the most appropriate areas for annual and perennial crops and breeding operations.

ProAlimentos

Project of Technical Support for the Programs of Nutrition and Food Security of Mozambique, with the participation of Brazil, the United States and Mozambique. It aims to strengthen the technical capacity in regions of Mozambique for production of vegetables. The expected results are:

Recommendations of technology, products and processes to be transferred to the IIAM.

Strengthening of vegetable production systems.

Establishment of post-harvest and agricultural food system capacity.

Training and qualification of Mozambican extension technicians and researchers.

Strengthening of the IIAM.

For this, IIAM professionals and rural extension professionals working in the Provisional Agricultural Directorates of Maputo and Gaza will be trained, as well as families of small agricultural producers in the Moamba and Boane regions.

Chapter 4   PAA Africa

PAA África (Purchase from Africans for Africa) is a program to purchase food from family farms in African countries to supply food to local schools. Led by Brazil, its main financer, it has partnerships with the Food and Agricultural Organization of the United Nations (FAO) that provides technical assistance to producers; the United Nations World Food Program (WFP), responsible for acquiring the food; and the United Kingdom's Department for International Development (DFID) that contributes with the learning component. The program is inspired by the Brazilian experience with the Programa de Aquisição de Alimentos (PAA) (Program for Food Acquisition).

The Brazilian PAA is an initiative of the Programa Fome Zero (Zero Hunger Program), which aims, in the official definition, to promote access to food for populations in situations of food insecurity and social and economic inclusion in the countryside, by strengthening family farming. It also contributes to building strategic food stocks and to supplying the institutional food market that consists of government purchases of foodstuffs for various purposes, also allowing family farmers to stockpile their products for sale at fairer prices.

The program promotes purchase of food from family farmers, without need for tenders, at prices compatible with those practiced in the regional markets. The products are destined for food initiatives managed by social assistance network entities, such as low-cost restaurants, community kitchens and food banks, and for families in situations of social vulnerability. In addition, they also are used for preparation of food baskets distributed to specific population groups.

The PAA is developed with funding from the Ministério do Desenvolvimento Social e Combate à Fome (MDS) (Ministry of Social Development and Fight Against Hunger) and the Ministério do Desenvolvimento Agrário (MDA)

(Ministry of Agricultural Development). Its guidelines are set by a managing group coordinated by the MDS, consisting of five other ministries. It is implemented by means of five modalities, in partnerships with the Companhia Nacional de Abastecimento (CONAB) (National Supply Company) and state and municipal governments. To participate in the program, farmers must register with the Programa Nacional de Fortalecimento da Agricultura Familiar (PRONAF) (National Program to Strengthen Family Farming). In 2012, the food purchased in Brazil through the PAA totaled R$ 597 million, close to US$ 300 million, involving around 129 thousand farm families. (CONAB, 2013)

Along the same line, another important federal government initiative is the Programa Nacional de Alimentação Escolar (PNAE) (National School Meals Program). The PNAE ensures that at least 30% of the funding provided by the Fundo Nacional de Desenvolvimento da Educação (FNDE) (National Fund for Educational Development) used for school meals will be spent purchasing the products of family farmers and rural family producers or their organizations. It prioritizes land reform settlements, indigenous communities and maroon communities. The FNDE transfers funds to the executing entities (states, municipalities and the Federal District). In 2012, the program's total budget was R$ 3.3 billion. In other words, R$ 990 million must be spent on the direct purchase of family farm products.

For the first stage of the PAA Africa, developed in 2013, five Sub-Saharan African countries were selected: Ethiopia, Malawi, Mozambique, Niger and Senegal. Some characteristics are common to these countries, in addition to serious malnutrition and hunger conditions: [1]

- The program has not yet been absorbed into the government structures of the countries. It is considered a cooperation and humanitarian assistance project carried out by FAO and PMA. There are no financial resources for more autonomous implementation by the governments of these countries.

- The peasants, who also live in miserable conditions, generally do not have the basic resources essential for production and distribution: seeds, fertilizers, farming implements, energy, water, credit, technical assistance or storage and transportation

---

[1] Taken from Nathalie Beghin, INESC/CONSEA. Notes from Sharing Tools of Knowledge Purchase from Africans for Africa – PAA África, Dakar, Senegal, April 2013.

infrastructure.

- In general, the schools also lack the necessary basic infrastructure. Children eat dirt and the snack is prepared under extremely precarious conditions by women from the community. Due to the lack of conditions to store, prepare (there is no energy, water, kitchen) and serve (tables, chairs, utensils), the school meals consist of rations of cereal mixtures fortified with vitamins and minerals.

- There is practically no social participation. The family farmers are considered mere beneficiaries of the PAA Africa. With rare exceptions, the civil society organizations, when not prohibited from acting, are co-opted by these governments.

In a meeting held in April 2013 in Dakar, Senegal, the governments of the beneficiary countries evaluated the effects of the program observed until that time positively, highlighting the following aspects: strengthening of family farmers with increased productivity, diversification of production, sale of surpluses under better conditions, improvements in the social organization of the peasants and of school meals.

At this same meeting, the CONSEA and the /UNAC emphasized the need for the active involvement of civil society, including producer organizations, which should actively participate in the decision-making process of the program, with the right to a voice and vote and not only as beneficiaries. The CONSEA, in particular, highlighted the importance of improving program actions in the following areas:

- Replacement of the fortified and pre-prepared products distributed by the PMA (mixtures of flour fortified with vitamins and minerals that become pastes or cakes) with fresh foods.

- Change in the agricultural model put into practice, based on the intensive use of chemical fertilizers and pesticides. Sustainable food production and consumption practices should be employed that ensure diversification of production and consumption, respect the principles of agricultural ecology and social biodiversity, develop agricultural forest systems and ensure a healthy diet for students.

In this sense, the implementation of large areas of monocultures through the ProSavana becomes a serious obstacle.

Observing operation of this model in the Brazilian Cerrado region, we see that monoculture, taking over land and contaminating water and soil, ends up making family food production in its areas of application unfeasible. In these areas, 90% of

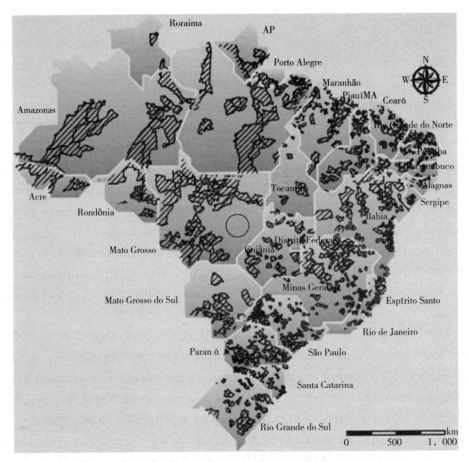

Municipalities Assisted by the PAA in 2012

Source: CONAB, 2013

the food consumed by the local population needs to be brought from distant regions. And, under these conditions, quality programs like the PAA and the PNAE often become inoperable, as shown in the following figure.

Chapter 5　ProSavana and Brazilian Agribusiness Interests

The land in Mozambique belongs to the state. However, it can be used under a concession regime that is open to foreigners. Concessions are given for 50 years, renewable for another 50, upon payment of an annual tax of 73.50 meticals (R$ 21) per hectare. This and other factors have been attracting the interest of Brazilian agribusiness, as well illustrated by a statement made by Carlos Ernesto Augustin, president of the Associação Mato-Grossense dos Produtores de Algodão (AMPA) (Mato Grosso Cotton Producers' Association):"Mozambique is a kind of Mato Grosso in the middle of Africa, with free land, without so many environmental restrictions and cheaper shipping costs to China. Today, in addition to the land in Mato Grosso being very expensive, it is impossible to obtain a license to clear and clean an area."

And Francisco Basílio, head of Embrapa's Secretaria de Relações Internacionais (Secretariat of International Relations) adds:"In this region, half the area is inhabited by small farmers, but the other half is uninhabited, as was the case in the West of Bahia and in Mato Grosso in the 1980s."[1]

For reasons like these, development of the ProSavana has been watched closely by representatives of the business community involved in agribusiness. Various activities were promoted in Brazil, Japan and Mozambique to present the program. Chichava et. al (2013) mention the *Agronegócio em Moçambique: Cooperação Internacional Brasil–Japão e Oportunidades de Investimento*

---

[1]　Patrícia Campos Mello. Mozambique Offers Land for Brazilian Soybeans. http://www1.folha.uol.com. br/fsp/mercado/me1408201102.htm.

(Agribusiness in Mozambique: International Brazil-Japan Cooperation and Investment Opportunities), seminar held in São Paulo in April 2011 as an example. Minister Marco Farani, of the ABC, and Wagner Rossi, former Minister of Agriculture, among others, were present at the seminar. One of the lectures, titled Internationalization of Brazilian Agribusiness, was given by Senator Kátia Abreu, president of the Confederação Nacional da Agricultura e Pecuária (CNA) (Brazilian Confederation of Agriculture and Livestock) and by the president of the Conselho Superior do Agronegócio (COSAG) (Superior Agribusiness Council), an arm of the Federação das Indústrias do Estado de São Paulo (FIESP) (Federation of Industries of the State of São Paulo) focused on agribusiness. Representatives of the Mozambique government, the Japan International Cooperation Agency (JICA) and the World Bank also spoke, as well as businesspeople from Brazil and Japan (from Mitsubishi Co.).

The First Farmers and the First Companies

Following these events, more than one hundred Brazilian farmers, most from the state of Mato Grosso, visited Mozambique. In 2010, Senator Kátia Abreu, as president of the CNA, also visited the country. According to the Mozambique authorities, there are still no guaranteed investments. However, Brazilian investors have already begun partnerships with Mozambicans and Portuguese, as is the case with Agromoz, which recently began activities designed to grow soybeans, cotton, and corn in Gurué, a district in Zambezia province.

In September 2011 the first group of 40 farmers would leave Mato Grosso for Mozambique, organized by the Associação Mato-Grossense dos Produtores de Algodão (AMPA). The mission would result from an invitation by Mozambique Minister of Agriculture José Pacheco who stated: "Brazilian farmers have accumulated experience that will be very welcome. We want to repeat in Mozambique what they did in the Cerrado region 30 years ago. The major condition for the farmers is to be willing to invest in Mozambican land. It is necessary to employ 90% Mozambican labor." [1]

---

[1] Agência EFE. Mozambique Wants Brazilian Farmers Producing in the Country. http: //revistagloborural. globo.com/Revista/Common/0,,EMI257494-18077,00-MOCAMBIQUE+QUER+AGRICULTORES+B RASILEIROS+PRODUZINDO+NO+PAIS.html.

In April 2012, a group of businesspeople and government representatives visited Nampula and Niassa and had discussions in Maputo. The total number of participants was 55: 19 from Japan, 16 from Brazil and 20 from Mozambique. They represented eight large-scale trading companies and one Japanese engineering company, a plant in Brazil, the public sector and rural landowners in Brazil.

In 2012, SLC, a Brazilian company with one of the largest areas of grain planting in Brazil, announced that it also intended to plant soybeans in Mozambique, beginning production on a commercial scale with the 2015/2016 harvest. However, in February 2013, the company announced that it had given up its plans to expand beyond the country's borders, believing there was still much growth potential to be exploited in Brazil. [①]

---

① Fabiana Batista. SLC Agrícola Confirms Growth Plans. http: //www.mzweb.com.br/SLCAgricola2009/ web/conteudo_pt.asp?idioma=0&tipo=31013&conta=28&id=168382

Chapter 6   Mozambican Peasants on Alert

Through a statement released in October 2012, the UNAC expressed its strong concerns about the basis of the ProSavana and the absence of a transparent and participative process in formulation of the program, which excludes peasant organizations and others, representatives of Mozambican civil society. With regard to the presence of Brazilian agribusiness, it states:

"We condemn the mass arrival of Brazilian farmers dedicated to agribusiness, making Mozambique peasants their employees and transforming them into rural workers." [1]

On the program overall, we highlight some of the concerns expressed in the document:

• Involuntary resettlement and expropriation of peasant land to make room for monoculture megaprojects;

• Demand for millions of hectares of land, when reality shows the unavailability of these areas, today used by peasants applying shifting cultivation techniques;

• The appearance of landless communities in Mozambique as a result of the land expropriation and resettlement processes;

• The impoverishment of rural communities and the reduction of survival alternatives;

• Pollution of water resources as a result of the use of pesticides and chemical fertilizers, as well as soil impoverishment.

• Ecological imbalance resulting from deforesting of extensive forested areas to make way for agribusiness projects.

---

[1]   UNAC Statement on the ProSavana Program. http://www.unac.org.mz/index.php/7-blog/39-pronunciamento-da-unac-sobre-o-programa-prosavana.

Chapter 7   The Agricultural Model of the Brazilian Cerrado

Beginning in the 1970s, the state put into practice various Cerrado development programs, based on the intensive use of technology and capital and on low land prices, favorable to mechanization. Before long, the Cerrado region gained great importance in Brazilian agricultural production. These projects had the West of Minas Gerais as a radiating pole, spreading gradually, until today, to other states included in the biome area (Ribeiro, 2002). Among these, the Programa de Desenvolvimento dos Cerrados (Polocentro) (Cerrado Development Program) and the Prodecer are considered the most important programs in the region.

The creation of Embrapa in 1973 also stands out. Its objective was to create and spread technology, aiming to increase productivity in the agricultural sector, increasing exportable surpluses (Oliveira, 2000). In 1975, Embrapa Soja (Embrapa Soybeans) and Embrapa Cerrados (Embrapa Cerrados) would be created, which contributed right away to the development of seeds adapted to the tropical climate, making the expansion of production into the mid-western, northern and northeastern regions feasible.

Based on the concept of growth poles, Polocentro, created in 1975, selected 12 Cerrado areas in the states of Minas Gerais, Goiás, Mato Grosso and Mato Grosso do Sul with some infrastructure and good agricultural potential. These areas received funding for investments to improve infrastructure, while farmers willing to grow crops there could participate in an extremely generous program of subsidized credit, with 25% of the funds destined for agricultural and livestock research, technical assistance, storage, transportation and rural electrification. In this way, the program turned three million hectares of the Cerrado region into cropland, pastures and reforested areas over five years, making it that with the greatest impact on agriculture in this biome (Fleury, 2007).

Another important factor, next to technological development, was agricultural credit. Government lines of credit were tied to the purchase of modern inputs, increasing dependence of the agricultural sector on input production. The state provided incentives and subsidies and, thus, created demand for products of the agroindustrial complex. During this period, the large farms were considered more appropriate for modernization than the small estates and, consequently, received credit privileges (Oliveira, 2000).

Benefiting these sectors, state action to capitalize the region also brought changes in its land and production structure, based on the specialization in some agricultural products, with an emphasis on grains and on intensive livestock production and changes in work relationships, in which temporary labor became predominant.

Although Polocentro had determined that 60% of the area exploited should be for crops, there was a clear tendency toward livestock production, little crop diversification and concentration on soybean production. On the other hand, there was no increase in labor, in spite of the large expansion of area. On the contrary, there was a decrease in the ratio between working personnel and planted area.

From the land structure point of view, there was a reduction of small estates, leading to acceleration of the decline of the small rural farmer. The introduction of crops like soybeans, coffee and wheat and the construction of infrastructure raised the price of land. In this sense, these programs transformed into reinforcement of structural conditions of unequal distribution of land and income in the regions where they were applied, not offering alternative to treat, at the origin, the problem of rural occupation and migration (Oliveira, 2000).

Starting in 1979, Polocentro began to be deactivated and some authors state that this fact was related to the acceleration of business between the Brazilian and Japanese governments to implement Prodecer.

Chapter 8   The Prodecer Program

Among the various Cerrado crop and livestock development programs during the period analyzed here, Prodecer is considered, due to its particular characteristics, the program that most contributed to the institutionalization of the high technology agricultural model of production predominant today in this region of Brazil.

Japan is a country strongly dependent on imports of agricultural products. In the case of soybeans, this country imports an average of 90% of its needs, used basically to feed animals raised in confinement. At the beginning of the 1970s, during a prolonged drought, the government of the United States, the largest global producer and exporter of soybeans, decided to impose an embargo on exports of the product, favoring the supply of its domestic market and causing not only scarcity, but also sharp increase in the international price of soybeans.

The Japanese government decided, from that point on, to invest in the expansion of the global supply of the product, which would contribute to price stability in the international market. The Japanese strategy is simple and already occurred in Brazil with other products as well, such as aluminum in the northern region. By making credit available, the Japanese stimulated the expansion of supply of products of its interest in the global market, making the international price fall.

In the case of Prodecer, the entry of foreign investment to provide greater balance in the balance of payments was the primary interest of the Brazilian government. In this same sense, Brazil was interested in expanding its production and export of grains, and in the consequent entry of foreign exchange.

To make grain production feasible, not only Japanese capital was necessary, but also technical cooperation aimed at overcoming technological restrictions that until then had made the large-scale grain production characteristic of the region today unfeasible. Thus, the purpose of the program was to establish production areas that could supply the international market, as a way to regulate the supply of products and, consequently, force down their prices, with special emphasis on soybeans. The program would be developed with the participation of public and private capital from both countries.

As Inocêncio (2010) shows, Brazil had already implemented, in addition to Polocentro, the Programa de Assentamento Dirigido do Alto Paranaíba (PADAP) (Program of Guided Settlement of Alto Paranaíba) and the Programa de Crédito Integrado do Cerrado (PCI) (Cerrado Program of Integrated Credit). It had, therefore, a basic infrastructure that would reduce the cost of investments directed primarily toward soil preparation. The production shipment system was the responsibility of the Brazilian government, mainly at the state level. There was also an improvement of the national intermodal network over subsequent years, through Japanese financing, but, at the start, all the money invested was for the purpose of increasing grain production, particularly soybeans, but also including sorghum and corn.

In 1978, a Japanese holding company named the Japan-Brazil Agricultural Development Cooperation (JADECO), based in Tokyo, was founded. In October of that same year, a Brazilian holding company named Companhia Brasileira de Participação Agroindustrial (BRASAGRO) (Brazilian Agribusiness Participation Company) was established, headquartered in Belo Horizonte, MG. Companhia de Promoção Agrícola (CAMPO) (Agricultural Promotion Company) was founded as the company to coordinate implementation of the program in November 1978, with 49% of its investment from JADECO and 51% from BRASAGRO. [1]

Thus structured, Prodecer ensured the direct presence of the Japanese government in several levels of the program, such as selection of areas, concession

---

[1] CAMPO. Prodecer. http: //tempuscomunicacao.com/campo/proceder/.

of credit, monitoring of production activities and performance evaluation. As in the prior programs, this one also used supervised credit to selected tenant farmers to make up the agricultural centers established by those responsible for the program.

Prodecer acted in selection of areas for installation of projects; in the selection of tenant farmers, generally from the southern and southeastern regions of the country; in the organization of production (types of crops and technologies used); in the organization of producers, by means of incentives to create cooperatives (generally tied to other, larger cooperatives like the former Cotia); in the organization of sales; and in advising the federal and state governments on construction of required infrastructure, such as transportation, energy and communication. (Oliveira, 2000)

With regard to the priority established for experienced farmers in the southeastern and southern regions of the country, Ribeiro (2005) observes: "The Cerrado tenant farmer is not a migrating Northeasterner or a small farmer or landless peasant from the South, but a farmer selected for his entrepreneurial ability and potential to apply the entire technological package that has already been developed for agricultural exploitation of this region" (Riberio, 2005).

The Prodecer program was developed in three distinct stages. The first (Prodecer I) was started in 1980, through colonization projects and mixed public-private capital companies in the municipalities of Coromandel, Iraí de Minas and Paracatu, in the state of Minas Gerais, in an area of 70 thousand hectares. The second phase is subdivided into two stages, pilot and expansion stages, implemented in Minas Gerais, Goiás, Mato Grosso, Mato Grosso do Sul and Bahia starting in 1985, on more than 200 thousand hectares. Prodecer III, begun in 1993, was developed in the states of Maranhão and Tocantins, occupying 40 thousand hectares in each of the projects.

All these public programs and policies turned Brazil into one of the largest producers of grain and meat in the world. In the case of soybeans, the growing participation of production in the Cerrado region, under these programs, can be seen in total Brazilian production.

The Contribution of the Cerrado Region in Brazilian Soybean Production, from 1970 to 2002

Year	Production (1,000 tons)		Participation of the Cerrado (%
	Brazil	Cerrado	
1970	1,509	20	1.4
1975	9,893	434	4.4
1980	15,156	2,200	14.5
1985	18,278	6,630	36.3
1990	19,850	6,677	35.2
1995	25,934	12,586	48.5
2000	31,644	15,670	49.5
2002	82,628	52,038	63.0

Replace MG by MT in Mato Grosso

A special characteristic of Prodecer was the lack of transparency of its activities. Marked by the military dictatorship in place during almost the entire period during which it was negotiated, Prodecer had no consultation with the social sectors on its continuation or its strategies.

On the Japanese side, the greater objective of strengthening the international supply of soybeans was achieved. In addition, the program was a tool for technical cooperation that gave the Japanese partners scientific knowledge of savannahs, some of the largest areas of the world, in this case the Cerrado. On the Brazilian side, it was a source of foreign exchange for domestic investment in a promising area for agribusiness (Oliveira, 2000).

Chapter 9   Other Programs Developed with Japan during the Period

Soybeans and other grains were not the only commodities that experienced supply crises and sharp price increases in the international market. The two global oil crises, in 1973 and 1978, also resulted in problems for Japan, a large consumer of inputs whose production requires large amounts of energy. And, through JICA, Japan would invest in the expansion of production of other commodities in Brazil, in the same way it did in the case of Prodecer, ensuring reductions in international prices of these products and, at the same time, supply for its industries. Highlighted among these projects are those for pulp, steel and aluminum, as described by JICA itself (2009):

1.Celulose Nipo-Brasileira (CENIBRA) (Japan-Brazil Pulp)

At the beginning of the 1960s, Japan saw its demand for paper grow and confronted the problem of instability in supply of the raw material. Attention was then turned to Brazilian eucalyptus as a possible source of stable and long-term supply. So Companhia Vale do Rio Doce (the current Vale) and several Japanese companies launched a joint project to create Celulose Nipo-Brasileira S.A. (CENIBRA) in 1973. The pulp produced by the company is white, high quality and low cost, with high international competitiveness.

2.ALBRAS and ALUNORTE: Aluminum from the Amazon

In 1967, a large deposit of bauxite was discovered upstream on the Amazon

River, and Japanese cooperation was requested to promote its exploitation, processing and exportation. For Japan, this met its interest in ensuring a stable supply of raw material and in diversifying sources of supply. Thus, also jointly with Vale, Alumínio Brasileiro S.A. (ALBRAS), an aluminum refining company, and Alumina do Norte do Brasil S.A. (ALUNORTE), an aluminum producing company, were created. Currently, 10% of the aluminum imported by Japan comes from ALBRAS. In addition, a port was constructed near the two companies, the Port of Vila do Conde, which allows the anchoring of 40 thousand ton ships and had reimbursable financing cooperation (ODA loan) from Japan for its construction. In 2010, Vale sold its part of the business to the Norwegian Norsk Hydro.

3.USIMINAS

The industrialization plan of the Kubitschek administration provided for construction of national steel mills to double steel production in five years and, consequently, technical and financial cooperation from Japan was requested. For that country, expectations included the expansion of the Japanese steel industry abroad, including an increase in exports, as well as the strengthening of relations with Brazil, and it ended up resulting in the Japanese-Brazilian Usinas Siderúrgicas de Minas Gerais S.A. (USIMINAS), opened in 1962 with cooperation in the areas of finance, technology and equipment.

Chapter 10　JICA

Well before the end of Prodecer, cooperation activities between Brazil and Japan had entered a new stage, aiming to expand these activities into other countries. Founded in 1974, JICA is the Japanese government agency responsible for Official Development Assistance (ODA) that operates today in more than 150 countries. The agency is currently responsible for three forms of international assistance:

• Technical cooperation, by sending experts, donating equipment and offering training in Japan. Joint research projects between the scientific institutions of partner countries are also developed.

• ODA loans, at attractive interest rates. Japan has engaged in financial cooperation with Brazil since 1981. Projects in the areas of port infrastructure, transportation, irrigation, electrification water and sewage, etc. have already been carried out.

• Non-reimbursable financial cooperation in various areas, such as the environment, agriculture, infrastructure and health.

Priority Areas for Cooperation with Brazil

In conjunction with the Brazilian government, JICA has defined the following areas for cooperation purposes: (JICA, 2011)

1. **The Environment** (measures to combat climate change and zoning of the urban environment). JICA reports that it has been active in: (1) measures to combat climate change through conservation of ecosystems and sustainable use of natural resources (conservation of the Amazon Forest, production of biofuels, etc.); (2) combating urban environmental problems, such as air pollution caused by

traffic congestion and water pollution.

2. **Social Development** (reduction of inequality). According to the agency itself, JICA has been engaging in cooperation aiming to reduce inequality through agricultural development initiatives in the Cerrado and Caatinga (semiarid) regions and to improve safety and health in urban centers.

3. **Promotion of Triangular Cooperation.** JICA also states that it promotes triangular cooperation through resources and know-how that Brazil and Japan hold to provide assistance to other developing countries. Brazil and Japan have engaged in this cooperation since 1985, particularly for the development of institutional capacity in Latin America, Africa and, more recently, Asia as well. The two countries launched the Programa de Treinamento para Terceiros Países (TCTP) (Training Program for Third Countries) that year, to be carried out, primarily, in South American countries, Portuguese-speaking African countries and East Timor, with the costs divided between Japan and Brazil (ABC and JICA, 2010).

Chapter 11   Japan-Brazil Partnership Program (PPJB)

In 2000, the two countries signed the Programa de Parceria Brasil-Japão (PPJB) (Japan-Brazil Partnership Program), to stimulate triangular cooperation, with special attention on Latin America and the Portuguese-speaking African countries, prioritizing areas such as climate change, infectious diseases, food security, and public safety, among others. The projects to be developed are agreed to annually by its Planning Committee, made up of ABC and JICA representatives. The first country to host these projects was Angola in 2007. The Programa para o Fortalecimento do Sistema de Saúde de Angola (ProFORSA) (Program to Strengthen the Health System of Angola) and the Programa de Formação Profissional na Área de Construção Civil de Angola (ProMOCC) (Professional Training Program in the Area of Angolan Civil Construction) are currently underway in that country.

Brazil-Japan Partnership Research Underway

Sugarcane Ethanol
Joint research for the purpose of contributing to the consolidation of techniques to extract ethanol from non-edible parts of sugarcane, such as the bagasse or dry leaves, is underway. The Federal Universities of Rio de Janeiro and Santa Catarina are involved on the Brazilian side. On the Japanese side, the Centro de Pesquisa

de Biomassa do Instituto Nacional de Ciência e Tecnologia Industrial Avançada (Biomass Research Center of the National Institute of Advanced Industrial Science and Technology) is involved.

Drought−resistant Transgenic Soybeans

Soybeans have a special place in the studies to obtain drought-resistant varieties, especially because it is the main grain grown in the country, with an expected 2012/2013 harvest of more than 80 million tons (CONAB, 2012). The research began in 1990, on the initiative of Embrapa Soja, of Londrina, Paraná, which began to work with conventional varieties, but soon turned to transgenics, a technique that gained strength at the end of that decade. The studies took a decisive turn beginning in 2003, with a partnership between the Brazilian institution and Japan International Research Center for Agricultural Sciences (Jircas/JIRCAS), a research company linked to the Japanese government.

At the end of the 1990s, the Japanese patented the gene called Dreb (an English acronym for Dehydration-Responsive Element-Binding protein), which codes a protein and activates the natural defenses of a plant against water loss. Bahia and Mato Grosso do Sul, in addition to the states of the southern region, should be among the targets of growers of this more drought-resistant soybean that should be available to farmers around 2016. In its efforts to internationalize these studies, Embrapa Soja agreed to a project with JICA in 2010. The objective is to test the Dreb gene and others that might give the plant resistance to drought and heat. Brazil is also participating in a second phase of soybean DNA sequence, in which researchers are trying to identify the function of each gene in the development of the grain. [1]

The Dreb gene is not only being tested for soybeans in Brazil, at the end of 2007, cotton, sugarcane, corn and beans were also included in the partnership with JIRCAS. In the case of beans, which are very important in the nutritional diet of Brazilians and of which the country is the largest global producer (a 3.3 million ton harvest is forecast for the 2012/2013 cycle), there are three other

---

[1] Mariana Caetano. Less Thirsty Grains. Globo Rural, 3/15/10. Available at http://revistagloborural.globo. com/GloboRural/0,6993,EEC1709230-2454,00.html, accessed on 9/5/12.

genes that are being analyzed to check the level of resistance to a water deficit. Regions such as the south of Bahia, the north of Minas Gerais, Goiás, São Paulo and Mato Grosso would be among those destined for a drought-resistant variety of beans.

Chapter 12   The Agribusiness Production Chain

Agricultural production in the form of large areas of monoculture, as in the case of soybeans and corn, does not only attract the presence of large farmers. Large multinational companies dedicated to production of machinery, equipment and agricultural inputs are present in the production chain of these crops. They take the largest share of the income generated by agricultural production.

The main companies in the soybean production chain are four large multinationals that sell grain purchased from farmers: Bunge, Cargill, ADM (U.S. companies) and Dreyfus (French). Together, they buy close to two-thirds of the soybeans produced in Brazil. In 2010, Bunge, Cargill and ADM were responsible for almost 60% of Brazilian soybean exports. The domestic companies in the sector have a lower share, with Amaggi, Coamo and Caramuru standing out.

The share of the four multinationals in biodiesel production based on soybean oil is growing. Bunge and Cargill are the two largest producers. They are present in all soybean exporting countries, and will certainly be the main beneficiaries of expansion of production into new areas. The United States, Brazil and Argentina account for 90% of global soybean exports.

Only two companies, Somar and Tecbio, work with Brazilian technology in supplying biodiesel production industrial plants. Two other domestic companies work in association with foreign firms that provide the technology: Tecnial, with the U.S. company, CIW, and Dedini, with the French DesmetBalestra. Conneman (U.S.) and Lurgi (German) and BDI (Austrian) also stand out.

The main manufacturers of agricultural machinery are the U.S. John Deere and the Italian Case New-Holland. In January 2012, the U.S. multinational AGCO announced purchase of 60% of the shares of Brazilian Santal Equipamentos, a manufacturer of harvesters and implements for the sugar-alcohol industry. AGCO is the leader in the Brazilian tractor market, with a share of more than 50%. In South America, the company billed approximately R$ 3.2 billion.

Soybean planting is responsible for close to 45% of the amount of agrochemicals in Brazil, and sugarcane is responsible for approximately 10% of the total. The Brazilian chemical fertilizer industry underwent a significant process of consolidation in recent years, where small regional companies were acquired, lost market share or left the market. The three largest companies in the agrochemical and fertilizer segment are also foreign: Bunge Fertilizantes (U.S.), Bayer and BASF (German). Control of the fertilizer segment was taken over by a private oligopoly composed of three multinationals: Hydro/Yara (Norwegian), Bunge/Fosfértil (Dutch) and Cargill/Mosaic (U.S.). Together, these companies control 90% of the market. Among the ten largest, only two (Heringer and Ultrafértil) are Brazilian.

The six largest agrochemical production companies – BASF, Bayer, Dow, Dupont, Monsanto and Syngenta – control 66% of the global market today. And in Brazil, the ten largest companies were responsible for 75% of domestic sales of agrochemicals during the 2011/2012 harvest.

The participation of multinationals in supplying seeds is also growing. In the case of soybeans, the U.S companies, Monsanto and Dupont, the Swiss Syngenta and the German BASF control the market. Embrapa maintains partnerships with Monsanto and BASF. Syngenta dedicated US$ 100 million to development of four transgenic sugarcane mills for the Brazilian market in 2010. The Monsanto investments were also at this level. On the other hand, Embrapa divided a research budget of R$ 4 million between five crops (sugarcane, soybeans, corn, cotton and eucalyptus) over three years. The first Brazilian variety of transgenic sugarcane, launched in 2011 by Embrapa, is under analysis. The government, fearing that multinational companies will monopolize the market for sugarcane seeds, intends to increase Embrapa's budget, in order to expand research in this area.

Final Comments FALTA

The Nacala Corridor is a territory of peasants:

The current version of the Master Plan and articles published in the press describe the Nacala Corridor as a sparsely populated region with free land available to be occupied by 'modern' agriculture. A similar discourse was adopted in the 1980s with regard to the Brazilian Cerrado when Prodecer was established. In reality, the Cerrado today is an ocean of large-scale monocultures, poisoned by toxic agrochemicals and focused on exportation, consequently, it is almost uninhabited. Previously, it was a land of traditional populations, peasants, indigenous people and maroon communities. The Niassa province is considered by the technical studies contracted by the three governments as having low population density and, therefore, available for establishment of extensive monocultures, such as soybeans and corn for animal feed. However, the peasants who live there state that the province is completely inhabited, except for the mountains, and that the peasant population is concentrated in the area destined for large agricultural, forestry and mining investments. Nampula and Zambezia are among the most populous provinces of the country. The peasants claim that from the center of the Nacala Corridor to Nampula, there are no continuous areas of more than ten hectares that are not occupied.

The loss of and expulsion from their lands and the announced resettlement are real and imminent risks for the peasants:

The question of land in Mozambique is reflected in a sovereign manner, by the people, as referred to in the Constitution of the Republic, in its Article 109, supplemented by the Law of Mozambican Land, Law No. 19/97, of October 1, which is clear with regard to the right to use land, which is public. In its Article 3, the Land Law establishes that land is the property of the state and cannot be sold or, in any other way disposed of, mortgaged or pledged. Despite of the clarity of these legal provisions in relation to the need to protect the rights of communities to land, practice shows the ineffectiveness of their application, resulting in conflicts over land usually involving private investors and local communities, translating into the risk of these communities losing access to and ownership of land. In spite of the statements of government representatives declaring that ProSavana will not propose changes to the Land Law, the entry of huge private investments in a territory where land is public and few communities have recorded documentation, and in a scenario where the land has been offered to investors in a concession regime for decades and practically free of charge, means real risks for the peasants. However, although the Land Law upholds common law rights on the possession and use of land by communities, such rights have been systematically violated over the last 15 years.

There is also the serious precedent of Tete province, where communities were expelled from their lands for exploitation of the coal mine acquired by Vale, in spite of the fact that they had documentation. In addition to the Land Law, legislation on seeds and the use of transgenics also may undergo alterations designed to facilitate the entry of multinational companies into the sector. Actions in this sense are underway through the Nova Aliança para a Segurança Alimentar e Nutricional em África (New Alliance for Food and Nutrition Security in Africa), an initiative of the eight most developed economies which Mozambique joined, translated to the domestic level by a national policy called the Plano Nacional de Investimento do Setor Agrário-PNISA (National Agricultural Sector Investment Plan), launched in April 2013.

Faced with the large leaks of information on what the land situation will be, doubts and fears about resettlement and compensation are the rule in the communities. The population exodus, mainly rural, to the cities is a great risk that points to the worsening of food insecurity in the country and reduction of the quality of life of the displaced peasants.

A study conducted by ORAM states that "in terms of security of land ownership, the great majority of the rural population does not have its DUATs formally recorded. Sixty-one percent of the land area in Nampula province that will be affected by the ProSavana Program is not recorded. Officially, it is known by all the parties responsible for implementing the program that this does not mean that this amount of land will be available to be assigned to new applicants. On the contrary, it represents the existence of the great challenge of land ownership insecurity on the part of the majority of the local population." In a country where "close to 70% of its 23 million inhabitants reside in rural areas and around 76% of the economically active population is dedicated primarily to agriculture, livestock raising, fishing and hunting,"one can imagine the immense risks and impacts that the majority of the population will be subject to with the arrival of massive foreign investments in their undocumented lands. "In general, it was possible to see that the local communities are open and want to receive investments. However, there is also great fear at the local level that the communities will be transferred from their lands to other areas due to lack of formalization of their DUATs, to make room for Brazilian and Japanese farming entrepreneurs. The examples of the resettlements made in the context of the coal mining industry were frequently mentioned by those we interviewed to demonstrate this concern." ①

The peasants are not being consulted during preparation of the ProSavana:

Throughout the Nacala Corridor, peasants maintain their family, peasant and community-based food production systems. They develop their lifestyles, culture and traditions. Their history and social, cultural and economic experiences are completely ignored in the studies and documents contracted by the governments. In these documents, the approximately 4.5 million peasants are invisible. Their lifestyles, rights, needs and proposals are not considered. The current version of the Master Plan makes a technical diagnosis as if the Nacala Corridor was an area to be occupied based on external plans, to be subsequently communicated to the peasants.

The peasants and the organizations that represent them have precise and concrete demands and proposals that aim to strengthen their production systems by means of credit, market access for commercialization of their production, a guarantee that their production will be purchased at a fair price, facilities for storage of production, access to electrical power, technical assistance to strengthen their production,

---

① "Sustentabilidade e Coexistência Pacífica no Uso e Aproveitamento da Terra em Moçambique – Os Contornos do ProSavana" (Sustainability and Peaceful Coexistence in the Use and Exploitation of Land in Mozambique – An Outline of ProSavana), ORAM, August 2012, Maputo.

and access to education and schooling, aiming to work with the peasants and not with people from outside, to support and strengthen entities created by the communities, such as associations of small farmers, and to work in partnership with them, to support the legalization of lands in favor of the peasants, among many other proposals that should translate into a Plano Nacional de Apoio à Agricultura Familiar (National Plan of Support for Family Agriculture) defended by the peasants for more than two decades. [1]

We understand consultation to be a process where the peasant populations are considered protagonists, people with rights and, therefore, the main beneficiaries of a program designed for their territory. Consequently, these populations and their organizations should be listened to in the development of any proposal, and this should have the experiences and proposals of the populations as its premise. Consultation does not mean going to the communities to advise them that ProSavana is beginning, providing vague, distorted, misleading and contradictory information.

For this reason, Brazilian social organizations and movements feel that a fourth axis, for social participation and peasant consultation, should be included in ProSavana, and the entire timetable, plan and methodology should be adapted to this new axis. They also propose the contracting of a second study, with the same status as the document produced by GV Agro, to be conducted for the purpose of consulting the peasants and making their lifestyles, production systems, demands and proposals related to their food cultures and the strengthening of their food security and sovereignty visible.

The Prodecer experience in the Cerrado is the reference in the documents and studies:

Just as the official propaganda announces that ProSavana will provide a highly positive change relative to food production in the north of Mozambique, a similar discourse was adopted in the case of Prodecer, presented as a true revolution in favor of food production, which in truth never occurred and, on the contrary, resulted in food insecurity and the need to purchase food from other regions.

---

[1] See the Open Letter attached, prepared by Mozambican peasant organizations and movements.

The interaction between family and peasant agriculture and agribusiness represents risks for the peasant community:

The current version of the Master Plan cuts the territory of the Nacala Corridor into areas destined for extensive monocultures under the responsibility of large companies and other areas where "integration" of small producers and companies is planned. It aims to change the current regime of shifting cultivation production to fixed agriculture, transforming small producers into average-size producers and integrating them into the business chain. The third component of ProSavana, known as Projeto Extensão e Modelos de Desenvolvimento-PEM (Extension Project and Development Models), coordinated by the Brazilian Ministério do Desenvolvimento Agrário (Ministry of Agrarian Development) and aiming to provide technical assistance to small producers, is seen by the ABC as the path that will balance the needs of family agriculture with the business interests. However, for this to occur, a prior evaluation of the experiences of technical assistance provided to family agriculture in Brazil would be necessary. One of the frequently-noted problems is that this is focused on assistance to products and not on production systems, which does not contribute to strengthening family- and peasant-based production and, therefore, is not a good reference to be taken to Mozambique.

The vertically-integrated production model meets the interests of the integrating company and not the integrated company. On the contrary, it is the latter that bears the infrastructure costs and the occasional losses from lost harvests and falling prices. In the case of Brazil, for chicken production, for example, the contract that integrated companies sign prohibits them from selling their production to other companies. They do not know what their net gain will be and are forced to use the feed and veterinarian products supplied by the company. In addition, they have no guarantee of price or acceptance of surplus production.

The case of corn production causes immense concern since it is the principal food in Mozambique. It is necessary to resist the risk that ProSavana may install a corn production system destined for animal feed, in rotation with soybeans. Corn for animal feed is not the corn the Mozambican peasants know and produce. It deals with transgenic varieties designed for animal feed that do not taste good, as we were told by family farmers in the Lucas do Rio Verde region.

The strategies for development of the zones focused on in the current version of the Master Plan mention "stimulation of farmer leaders to promote formation of producer associations and cooperatives" as one of the activities. It seems to repeat the principle of Prodecer of working with farmers selected by their entrepreneurial ability and potential to implement the program package. In the case of Prodecer, they were selected in the South region and received technical assistance, financing at subsidized interest rates and other benefits. Who will be the "selected" in the case of Mozambique? And what will happen to the others?

The environmental issue is treated form the merely conservationist point of view:
The current version of the Master Plan lists the conservation units and other areas protected by law, based on the fact that, in principle, it is desirable to avoid implementing any project within or in the proximity of parks nationally designated as protected. There is no mention of the impacts of deforestation for the formation of cultivation areas, reduction of water availability, pollution of the rivers, health problems caused by the use of toxic agrochemicals, emission of greenhouse gases or other characteristics of monoculture. The perspective of environmental justice is beyond the horizon of the current studies. The organizations and movements that represent the peasants of the region fear that water and other natural resources will be privatized.

ProSavana tends to respond to a mosaic of interests of business and large corporations:
The current version of the Master Plan makes it clear that ProSavana expresses a summation of the interests of various business interests, where the public sector and cooperation will participate in the more structuring initiatives, while the private sector will participate in the economic-commercial activities. The interests of foreign companies are considered along with those of the Mozambican agribusiness political elite. An example is Intelec Holdings that is active in the production of soybeans, a company in which the president of Mozambique is a shareholder, a fact formally announced in September 2012. The merger of several companies gave rise to the Agromoz company, with shareholders being the Américo Amorim Groups, of Portugal, Pinesso (one of the largest soybean producers in Brazil) and Intelec

Holdings. As documented throughout this text, Brazilian agribusiness companies has a strong interest in expanding their business in the lands of the Nacala Corridor.

The structuring interests became evident with the launch in Mozambique of the Nova Aliança para a Segurança Alimentar e Nutricional em África, within the PNISA. At the forefront of operationalization of this initiative in Mozambique are the World Bank, the World Food Programme, the Japanese Agency for International Cooperation (JICA), the United States Agency for International Development and multinational corporations such as Cargill, Itochu, Syngenta, Monsanto, Yara, African Cashew Initiative, Competitive African Cotton Initiative, Corvuns International, AGCO, Nippon Biodiesel Fuel, Vodafone, SAMBMiller, etc.

The Nova Aliança is to make modifications in the legal-judicial framework, in the sense of making the acquisition of land by agribusiness multinationals more flexible and introducing changes into the national fertilizer and seed policy. Thus, the Nova Aliança creates optimal conditions for implementation of the agricultural model proposed by ProSavana.

ProSavana demonstrates that the internal contradictions and conflicts of Brazil are being exported through its cooperation and investments:

This text sought to demonstrate the relation between the development model implemented at the national level, the hegemonic forces represented by it and the profile of the Brazilian cooperation and investment initiatives, revealing that the country is exporting its internal conflicts through its cooperation and investments. There is no single national interest without conflicts guiding Brazil's international presence, since the Brazilian organizations and movements that practice and defend family and peasant agriculture strongly oppose this type of Brazilian international cooperation and investment.

ProSavana is an emblematic case for the debate over Brazilian foreign policy and cooperation. Through this program, Brazil is exporting its domestic contradictions between large scale agriculture, with a production system based on extensive monocultures, concentration of land ownership, use of toxic agrochemicals, low employment of labor and focus on exportation, on one hand, and family, peasant and agro ecologically-based food production systems, on the other. Through its historic struggles, the rural social movements won the right of support for their family and peasant production systems by means of programs to purchase their production in institutional markets, primarily through the Programa de Aquisição de Alimentos da Agricultura Familiar-PAA (Program to Purchase Family Agriculture Food) and the Programa Nacional de Alimentação Escolar-PNAE (National School Meal Program). The exchange of successful experiences in Brazil and its translation and adaptation to an African PAA have been the object of intense efforts.

ProSavana demonstrates that cooperation cannot be disassociated from investments designed to internationalize Brazilian companies and trade promotion initiatives:

> *"All the large countries have international trade agencies. We are going to create an international trade agency for Africa and Latin America. It is a cooperation agency, but it is also a trade agency. It is an agency to make investments feasible. In short, it is an agency with a quite large scope."*

> *President Dilma Roussef, May 2013, in Addis Ababa, Ethiopia.*[1]

Despite the narrative constructed that Brazil's South-South cooperation and investments would be motivated by solidarity, horizontality, the exchange and sharing of knowledge aiming at self-reliance, and that projects and programs would result from demands of the beneficiaries, the case of ProSavana reveals that this rhetoric is quite removed from what occurs in practice.

Some problems result from this rhetoric. First, if Brazilian cooperation resulted directly and exclusively from demands, one could suppose that that it would have no guidelines or strategy and that, therefore, it would develop ad hoc, without coordination. Second, the cooperation would respond to whose demands? In the case of ProSavana, the Mozambican government? And what was the decision making process in arriving at this demand in Mozambique? The peasants were not heard. On the Brazilian side, it can be said that one cannot intervene in the internal

---

[1]   http://www.youtube.com/watch?v=d7tPg39k2XE and http://www.valor.com.br/brasil/3138674/em-visita-dilma-anuncia-nova-agencia-de-cooperacao-para-africa#ixzz2Uc6tUyrQ.

decision making process of Mozambique. However, the crucial question for Brazilian cooperation to answer is: Who decides in Brazil which demand will be met and how? In other words, who was heard and consulted in Brazil on the process of determining the interests and viewpoints of Brazil on what to do with respect to ProSavana? GV Agro, chosen to prepare the Master Plan, responds to the interests of a sector of Brazilian society that is in open opposition to the interests of Brazilian family and peasant agriculture. This was not heard at any time in the decision making process regarding what Brazil would do in ProSavana.

Brazilian cooperation needs to be discussed with society; foreign policy needs to become public policy:

The growing importance of Brazilian cooperation is part of the profound changes the international system is undergoing. The presence of Brazil in Africa is one of the most important dimensions of the new Brazilian foreign policy inaugurated in 2003. For this reason, the government created the so-called Africa Group, coordinated by the Civil House. However, so far, the stated priority given to Africa has not been accompanied by effective coordination of actions, which results in decentralized initiatives coming from the most diverse state, private and business actors, with the large corporations having a strong advantage in terms of the concrete gains of this statement. Brazil does not have guidelines or principles discussed by society and approved in the relevant instances related to its cooperation.

In truth, Brazilian society lacks a broad discussion of the strategic path to be chosen for its foreign operations as a whole, especially in Africa. Will Brazil adopt the path of the imperialist current whose central stage today is Africa, competing for space with the traditional powers and the so-called emerging countries to see who will most exploit the natural resources of the continent? Or will Brazil adopt a path of genuine cooperation and investment aiming at the human development of the continent by means of empowering its peoples and strengthening their rights? If it is true that Brazilian foreign policy responds to a national development project, Brazil should debate its own development project - including, sustainable, democratic, with full exercise of the rights of its people, with food security and sovereignty – and, therefore, a guide for its foreign actions.

Just as the entirety of its foreign policy, Brazilian cooperation and investment have been decided in a private way, without one instance where the conflicting interests existing in Brazilian society, and, therefore, reflected in its foreign actions, are considered. The case of ProSavana reveals the urgency of democratizing the decision making process of Brazilian foreign policy, including for cooperation and investment, social control and consultation of the populations affected by Brazilian initiatives, so that Brazil's international cooperation and investment are guided by the strengthening of human rights, social and environmental justice, and food security and sovereignty.

References

ABC e JICA. Programa de Parceria Japão-Brasil 10 anos, Programa de Treinamento para Terceiros Países, 25 anos. Agência Brasileira de Cooperação do Ministério das Relações Exteriores e JICA, 2010. Disponível em http://www.jica. go.jp/brazil/portuguese/office/publications/pdf/jbpp10anos.pdf, acesso em 27/08/12.

BANCO MUNDIAL E FAO. Awakening Africa's Sleeping Giant. Prospects for Commercial Agriculture in the Guinea Savannah Zone and Beyond. Banco Mundial, 2009. Disponível em http://siteresources.worldbank.org/INTARD/Resources/ sleeping_giant.pdf, acesso em 13/05/13.

CHICHAVA, S.; DURAN, J.; CABRAL, L.; SHANKLAND, A.; BUCKLEY, L., TANG LIXIA; ZHANG YUE. Chinese and Brazilian Cooperation with African Agriculture:The Case of Mozambique. FAC Working Paper 49.Future Agricultures Consortium, Brighton, 2013. Disponível em http://r4d.dfid.gov.uk/PDF/Outputs/ Futureagriculture/FAC_Working_Paper_049.pdf, acesso em 10/05/13.

CONAB. Acompanhamento de safra brasileira:grãos, segundo levantamento, safra 2012/2013,novembro de 2012. Companhia Nacional de Abastecimento. Brasília, 2012. Disponível em http://www.conab.gov.br/OlalaCMS/uploads/arquivos/12_11_08_09_10_48_ boletim_portugues_novembro_2012.pdf, acesso em 15/11/12.

_____. Programa de Aquisição de Alimentos – PAA. Resultado das ações da Conab em 2012. Sumário Executivo, 2013. Disponível em http://www.conab.gov.br/ OlalaCMS/uploads/arquivos/13_02_07_08_31_25_sumario_executivo_07_02_13. pdf, acesso em 26/02/13.

EMBRAPA. Moçambique. Apoio ao Sistema de Inovação no Setor Agropecuário. Disponível em http://hotsites.sct.embrapa.br/acessoainformacao/acoes-e-programas/Cartilha%20Mocambique.pdf, acesso em 07/09/12.

_____. Projeto de melhoria da capacidade de pesquisa e de transferência de tecnologia para o desenvolvimento da Agricultura no corredor de Nacala em Moçambique. Resumo Executivo. Junho de 2011. Disponível em http://www.undp. org.br/Extranet/SAP%20FILES/MM/2011/14740/PROSAVANA-TEC%20-%20

RESUMO%20EXECUTIVO.pdf, acesso em 14/03/12.

INOCÊNCIO, M. As tramas do poder na territorialização do capital no Cerrado:o Prodecer. Programa de pós-graduação em Geografia da UFG. Goiânia, 2010. Disponível em http://www4.fct.unesp.br/thomaz/Posgrad-11/Tese%20 Prodecer.pdf, acesso em 03/09/12.

IPEA. Ponte sobre o Atlântico. Brasil e África Subsaariana: parceria Sul-Sul. Ipea, 2011. Disponível em http://www.ipea.gov.br/portal/images/stories/PDFs/ livros/livros/111222_livropontesobreoatlanticopor2.pdf, acesso em 02/03/12.

JICA. Estudo sobre Assistência Oficial do Japão para o Desenvolvimento destinado à República Federativa do Brasil. Rumo à construção de uma nova parceria.Agência de Cooperação Internacional do Japão (JICA). Março de 2003. Disponível em http://jica-ri.jica.go.jp/IFIC_and_JBICI-Studies/english/ publications/reports/study/country/pdf/bra_01.pdf, acesso em 27/08/12.

_____ Cooperação nipo-brasileira assume uma nova escala global. Iniciativas de apoio financeiro e tecnológico estreitam relacionamento entre os dois países. JICA, 2009. Disponível em http://www.jica.go.jp/brazil/portuguese/office/publications/pdf/ saopaulo.pdf, acesso em 03/09/12.

_____. JICA no Brasil. Atuando como Parceiro Global. JICA, março de 2011. Disponível em http://www.jica.go.jp/brazil/portuguese/office/publications/pdf/ jicanobrazil2011.pdf, acesso em 03/09/12.

_____. 50 anos de cooperação Brasil-Japão, 1959-2009. JICA, 2009. Disponível em http://www.jica.go.jp/brazil/portuguese/office/publications/pdf/50anos.pdf, acesso em 03/09/12.

OLIVEIRA, R. Programas agrícolas na ocupação do Cerrado. Sociedade e cultura, Vol. 3, Núm. 1-2, janeiro-dezembro, 2000.Universidade Federal de Goiás. Disponível em http://redalyc.uaemex.mx/src/inicio/ArtPdfRed. jsp?iCve=70312129007, acesso em 25/08/12.

PROSAVANA. Support of Agriculture Development Master Plan for Nacala Corridor in Mozambique. Informe nº 2, Projetos de impacto rápido, março de 2013. Disponível em www.grain.org/attachments/2747/download, acesso em 12/05/13.*

_____. Support of Agriculture Development Master Plan for Nacala Corridor in Mozambique. Informe nº 1, Cap.3, Present condition and issues of the agriculture in the study area. Indisponível na web.

RIBEIRO, R. *O Eldorado do Brasil central: história ambiental e convivência sustentável com o Cerrado. Em Ecología política. Naturaleza, sociedad y utopía, Héctor Alimonda (comp.). Buenos Aires: CLACSO, abril de 2002. Disponível em http://biblioteca.clacso.edu.ar/ar/libros/ecologia/ribeiro.pdf, acesso em 01/10/10.*

RIBEIRO, R. *Da 'largueza' ao 'cercamento': um balanço dos programas de desenvolvimento do Cerrado. In: ZHOURI, A.(org.). A insustentável leveza da política ambiental. Belo Horizonte, Ed. Autêntica, 2005.*

VILLAS-BÔAS, J. *Os investimentos brasileiros na África no governo Lula:um mapa. Meridiano 47 vol. 12, n. 128, nov.-dez. 2011 [p. 3 a 9]. Disponível em http:// seer.bce.unb.br/index.php/MED/article/viewArticle/4242, acesso em 03/10/12.*

Maputo, May 28, 2013

Open Letter to Urgently Stop and Reflect on the ProSavana Programme

Open Letter from Mozambican civil society organisations and movements to the presidents of Mozambique and Brazil and the Prime Minister of Japan

His Excellency the President of the Republic of Mozambique, Armando Guebuza

Her Excellency the President of the Federative Republic of Brazil, Dilma Rousseff

His Excellency the Prime Minister of Japan, Shinzo Abe

Subject:

Open Letter to Urgently Stop and Reflect on the ProSavana Programme

Excellencies;

The Government of the Republic of Mozambique, in partnership with the Governments of the Federative Republic of Brazil and Japan, officially launched the ProSavana Programme in April 2011. The programme is the result of a trilateral partnership of the three governments with the purpose of, purportedly, promoting the development of agriculture in the tropical savannas of the Nacala Corridor in northern Mozambique.

The entry and implementation strategy of ProSavana is based on, justifiably, the urgent need to fight poverty and the national and human imperative of promoting the economic, social and cultural development of our country. Or at least, these have been the main arguments used by the Government of Mozambique to justify its option to pursue a policy of attracting Foreign Direct Investment (FDI) and the subsequent deployment of large investments in mining, hydrocarbons, monoculture tree plantations and agribusiness for the production of commodities.

We, the rural populations, families from the communities of the Nacala Corridor, religious organisations and Mozambican civil society, recognising the importance and urgency of combating poverty and promoting sustainable and sovereign development, believe it is timely and crucial to voice our concerns and proposals in relation to the ProSavana   Programme.

The ProSavana Programme is already being implemented through its 'Quick Impact Projects' component, without the Environmental Impact Assessment Study ever having been carried out, publicly discussed and approved, one of the main and essential requirements of Mozambican legislation for the implementation of projects of this size, normally classified as Category A.

The breadth and grandeur of the ProSavana Programme contrast with the failure of the law and the total absence of a deep, broad, transparent and democratic public debate, preventing us, (small-scale farmers, families and the population), in this way, from exercising our constitutional right of access to information, consultation, participation and informed consent on a matter of great social, economic and environmental relevance with direct impact on our lives.

However, since September 2012, we have been conducting an extensive debate and wide-reaching meetings with various sectors of Mozambican society. According to the latest documents we had access to, the ProSavana Programme is a mega partnership between the Governments of Mozambique, Brazil and Japan, which will cover an estimated area of +14.5 million hectares of land in 19 districts of the provinces of Niassa, Nampula and Zambézia, allegedly intended for the development of large-scale agriculture in tropical savannas, located along the Nacala Development Corridor.

After several discussions at community level in the districts covered by this programme, with Mozambican Government authorities, diplomatic missions of Brazil and Japan and their international cooperation agencies (Brazilian Cooperation Agency-ABC, and the International Cooperation Agency of Japan-JICA), we find that there are many discrepancies and contradictions in the sparse information and documents available, which are indications and evidence to confirm the existence of defects in the programme design; irregularities in the alleged process of public consultation and participation; serious and imminent threat of usurpation of rural populations' lands and forced removal of communities from areas that they currently occupy.

President of Mozambique, President of Brazil and Prime Minister of Japan, international cooperation must be anchored on the basis of the interests and aspirations of people to build a world of greater justice and solidarity. However, the ProSavana Programme does not abide by these principles and those driving it do not propose, much less show themselves to be available to discuss in an open manner, the substantive issues associated with the development of agriculture in our country.

President Armando Guebuza, we would like to recall that Your Excellency, along with millions of Mozambicans, men and women, sacrificed much of your youth, fighting to liberate the people and the land from colonial oppression. Since those hard times, rural populations, with their feet firmly on the ground, took it upon themselves to produce food for the Mozambican nation, raising the country from the rubble of war to building an independent and just society characterised by solidarity, where everyone could feel that they are the children of this liberated land.

President Guebuza, more than 80% of the Mozambican population depends on family farming for its livelihood, accounting for the production of more than 90% of the country's food. ProSavana is a tool for creating optimal conditions for multinational corporations to enter the country, which will inevitably rob rural families of their autonomy and disrupt the small-scale food production systems, which could cause the emergence of landless families and increased food insecurity, i.e., the loss of the greatest achievements of our National Independence.

President Dilma Rousseff, solidarity between the peoples of Mozambique and Brazil comes from the difficult times of the national liberation struggle, through national reconstruction during and after the 16 years of war that Mozambique went through. More than anyone, President Dilma you suffered oppression and were a victim of the military dictatorship in Brazil and knows the price of freedom. Currently, two-thirds of the food consumed in Brazil is produced by rural populations and not by the corporations that the Brazilian Government is exporting to Mozambique through ProSavana.

President Dilma Rousseff, how is it justified that the Brazilian Government does not give priority to the Food Acquisition Programme in Mozambique, which we rural populations support and encourage? Paradoxically, all financial, material and human resources at various levels are allocated to agribusiness development promoted by ProSavana. How is it that international cooperation between Brazil, Mozambique and Japan, which should promote solidarity among peoples, is converted into an instrument to facilitate obscure commercial transactions and promote the grabbing of community land, which we use in the age-old manner to produce food for the Mozambican nation and beyond?

Prime Minister Shinzo Abe, Japan, through JICA, for decades contributed to the development of agriculture and other sectors in our country. We repudiate the current policy of the Japanese Government's cooperation with Mozambique in the agrarian sector. More than the investment in mega infrastructure in the Nacala Corridor to allow the outflow of agricultural commodities through the port of Nacala, as well as financial and human support to ProSavana, it is our understanding that the Japanese venture should focus on small-scale agriculture, the only one capable of producing adequate food in the quantities needed for the Mozambican population, as well as promoting sustainable and inclusive development.

Esteemed representatives of the people of Mozambique, Brazil and Japan, we live a phase in history marked by growing demand by and expansion of large financial groups and multinational corporations through appropriation and control of natural resources globally, transforming these into commodities and claiming these as a business opportunities. Excellencies, on the strength of the facts presented, we rural populations of Mozambique, families from the rural communities of the Nacala Corridor, religious organisations and civil society, denounce and repudiate as a matter of urgency:

· The manipulation of information and intimidation of communities and civil society organisations who oppose ProSavana by presenting sustainable alternatives for the agricultural sector;

· The imminent process of usurpation of the land of local communities by Brazilian, Japanese and local corporations, as well as those of other nations;

· ProSavana is based on increasing production and productivity based on export monocultures (maize, soybean, cassava, cotton, sugar cane, etc.), which aims to integrate rural populations in the production process exclusively controlled by multinational corporations and multilateral financial institutions, destroying family farming systems;

· The importation into Mozambique of the built-in contradictions of the development model of Brazilian agriculture.

Despite the accusations presented above, we rural populations of Mozambique, families from the rural communities of the Nacala Corridor, religious organisations and civil society, request and demand urgent intervention of Your Excellencies, President of Mozambique, President of Brazil and Prime Minister of Japan, as the legitimate representatives of your people, in order to urgently halt the intervention logic of the ProSavana Programme, which will have irreversible negative impacts for rural house- holds such as:

· The emergence of landless families and communities in Mozambique as a result of the processes of land expropriations and consequent resettlement;

· Frequent upheavals and socio-environmental conflicts in communities along the Nacala Corridor, and beyond;

· Worsening and deepening poverty among families of rural communities and reduced alternatives for livelihoods and existence;

· Destruction of the production systems of rural families and consequently food insecurity;

· Increased corruption and conflicts of interest;

· Pollution of ecosystems, soil and water resources as a result of excessive and uncontrolled use of pesticides, chemical fertilisers and other toxic substances;

· Ecological imbalance as a result of extensive clearing of forests to make way for agribusiness mega projects.

Thus, we small-scale farmers, families from the communities of the Nacala Corridor, religious organisations and national civil society signatories to this Open Letter, publicly express our indignation and outrage at the way the ProSavana Programme has been designed and is being implemented on our lands and the communities of our country.

We advocate for the development of agriculture based on production systems, rather than products, i.e., the non-destruction of the family method of production, which over and above economic issues also incorporates specifically the way of occupation of geographic spaces, the social and anthropological dimension that has proved very sustainable throughout the history of mankind. The social movements and organisations signatories to this Open Letter turn to Your Excellencies, President Armando Guebuza, President Dilma Rousseff and Prime Minister Shinzo Abe, in your capacity as Heads of Government and State and legitimate representatives of the peoples of Mozambique, Brazil and Japan to see to it:

· That all necessary measures are taken to immediately suspend all activities and projects under way in the tropical savannas of the Nacala Development Corridor within the scope of the implementation of the ProSavana Programme;

· That the Government of Mozambique see to it that an inclusive and democratic mechanism is set up for the creation of an official broad dialogue with all sectors of Mozambican society, particularly small-scale farmers, rural people, Corridor communities, religious organisations and civil society with the aim of defining their real needs, aspirations and priorities in the national development matrix and agenda;

· That all human, material and financial resources allocated to the ProSavana Programme be reallocated to efforts to define and implement a National Plan for the Support of Sustainable Family Farming (the family system), advocated for more than two decades by rural families throughout the Republic of Mozambique with the aim of supporting and guaranteeing food sovereignty for the more than 16 million Mozambicans for whom agriculture is the main means of livelihood;

· That the Mozambican Government prioritise food sovereignty, conservation agriculture and agro- ecology as the only sustainable solutions for reducing hunger and promoting proper nutrition;

· That the Mozambican Government adopt policies for the agricultural sector focused on support for small-scale agriculture, whose priorities are based on access to rural credit, farming extension services, irrigation, giving value to native seeds that are resistant to climate change, rural infrastructure linked to the creation of productive capacity and policies that support and promote the commercialisation of rural production.

Finally and according to the statement above, we, Mozambican small-scale farmers, families from the rural communities of the Nacala Corridor, religious organisations and civil society, demand cooperation among countries based on the genuine interests and aspirations of the people, a cooperation that serves the promotion of a more just and caring society. We dream of a better and viable Mozambique, where all Mozambicans men and women can feel that they are the children of this land, united and engaged in the construction of a state whose sovereignty comes from and resides in the people.

Media Contacts:

Jeremias Filipe Vunjanhe: +258-823911238/email: jfvunjanhe@gmail.com

Alexandre Silva Dunduro: +258-828686690

Email: dunduroalexandre@hotmail.com | adecru2007@gmail.com

Muagerere: +258/)-82606426 / Fax:262863 | email: AMuagerene@scipnampula.org

Signatory Mozambican organisations/ social movements:

1. Acção Académica para o Desenvolvimento das Comunidades Rurais (ADECRU)

2. Associação de Apoio e Assistência Jurídica as Comunidades (AAAJC) –   Tete

3. Associação Nacional de Extensão Rural (AENA)

4. Associação de Cooperação para o Desenvolvimento (ACOORD)

5. AKILIZETHO – Nampula

6. Caritas Diocesana de Lichinga – Niassa

7. Conselho Cristão de Moçambique (CCM) –   Niassa

8. ESTAMOS – Organização Comunitária

9. FACILIDADE-Nampula

10. Justiça Ambiental/Friends of The Earth Mozambique

11. Fórum Mulher

12. Fórum das Organizações Não Governamentais do Niassa (FONAGNI)

13. Fórum Terra-Nampula

14. Fórum das Organizações Não Governamentais de Gaza (FONG)

15. Kulima

16. Liga Moçambicana de Direitos Humanos – LDH

17. Livaningo

18. Organização para Desenvolvimento Sustentável (OLIPA-ODES)

19. Organização Rural de Ajuda Mútua (ORAM)-Delegação de Nampula

20. Organização Rural de Ajuda Mútua (ORAM)- Delegação de Lichinga-Niassa

21. Plataforma Provincial da Sociedade Civil de Nampula

22. Rede de Organizações para o Ambiente e Desenvolvimento Sustentável

(ROADS) –Niassa

23. União Nacional de Camponeses – UNAC

Signatory international organisations/social movements:

1. Amigos da Terra Brasil
2. Articulação Nacional de Agroecologia (ANA) – Brasil
3. Associação Brasileira de ONGs (Abong)
4. Association for the Taxation of Financial Transactions for the Aid of Citizens (ATTAC) – Japan
5. Africa Japan Forum (AJF) – Japan
6. Alternative People's Linkage in Asia (APLA) – Japan
7. Association of Support for People in West Africa (SUPA) – Japan
8. Central Única dos Trabalhadores (CUT) – Brasil
9. Comissão Pastoral da Terra (CPT) · Brasil
10. Comissão Pastoral da Terra – MT-Brasil
11. Confederação Nacional de Trabalhadores de Agricultura (CONTAG) – Brasil
12. FASE – Solidariedade e Educação – Brasil
13. Federação dos Trabalhadores da Agricultura Familiar (FETRAF) – Brasil
14. Federação dos Estudantes de Agronomia do Brasil (FEAB)
15. Fórum Mato-grossense de Meio Ambiente e Desenvolvimento (FORMAD) – Brasil
16. Fórum de Direitos Humanos e da Terra do Mato Grosso (FDHT-MT) – Brasil
17. Fórum Brasileiro de Soberania e Segurança alimentar e Nutricional (FBSSAN) –Brasil
18. Fórum Mudanças Climáticas e Justiça Social do Brasil
19. Fórum de Lutas de Cáceres –MT-Brasil
20. GRAIN International
21. Grupo Pesquisador em Educação Ambiental, Comunicação e Arte (GPEA/UFMT) –Brasil
22. Grupo Pesquisador em Educação Ambiental, Comunicação e Arte (GPEA/UFMT) –Brasil

23. Grupo Raízes – Brasil

24. Instituto Políticas Alternativas para o Cone Sul (PACS) – Brasil

25. Instituto Brasileiro de Análises Sociais e Económicas (Ibase) – Brasil

26. Instituto Caracol (iC) – Brasil

27. Instituto de Estudos Socioeconómicos do Brasil   (Inesc)

28. Japan International Volunteer Center (JVC) – Japan

29. Justiça Global-Brasil

30. La Via Campesina – Região África   1

31. Movimento dos Trabalhadores Rurais Sem Terra– Brasil

32. Movimento Mundial pelas Florestas Tropicais (WRM) –Uruguai

33. Movimento de Mulheres Camponesas (MMC) – Brasil

34. Movimentos dos Pequenos Agricultores (MPA) –Brasil

35. Mozambique Kaihatsu wo Kangaeru Shiminno Kai –Japan

36. Network for Rural-Urban Cooperation–Japan

37. ODA-Net–ODA Reform Network– Japan

38. Rede Brasileira Pela Integração dos Povos (REBRIP)

39. Rede Axé Dudu –Brasil

40.Rede Mato-Grossense de Educação Ambiental (REMTEA) – Brasil

41. Sociedade fé e vida – Brasil

42. Vida Brasil

42. Organização de Mulheres Indígenas TAKINÁ, Barra do   Bugres

43. Coperrede – Cooperativa Regional de Prestação de Serviços e Economia Solidária

44. Escola Estadual Lucas Auxilio Toniazzo – Curso Técnico em   Agroecologia

45. Aproger – Associação dos Produtores Rurais da Gleba Entre Rios – Nova Ubiratã-MT

46. Associação Renascer – Peixoto-MT

47. MST – Movimento dos Trabalhadores/as Rurais Sem Terra –Sinop

48. Adunemat – Associação dos docentes da Universidade Estadual de Mato Grosso

49. CPT – Comissão Pastoral da Terra

50. Escola Estadual Terra Nova – Curso Técnico de Agroecologia – MT

51. Colônia Z 10 de Pescadores de Barra do Bugres

图书在版编目（CIP）数据

巴西在非洲的合作与投资：以莫桑比克的热带草原
发展项目为例 /（巴西）塞尔吉奥. 施莱辛格
（Sergio Schlesinger）著；张传红，齐顾波译. -- 北
京：社会科学文献出版社，2017.4
　ISBN 978 - 7 - 5097 - 9527 - 9

　Ⅰ. ①巴…　Ⅱ. ①塞…　②张…　③齐…　Ⅲ. ①草原 -
畜牧业经济 - 农业合作 - 对外经济合作 - 研究 - 巴西、莫
桑比克　Ⅳ. ①F377. 763②F347. 163

　中国版本图书馆 CIP 数据核字（2016）第 185343 号

巴西在非洲的合作与投资
——以莫桑比克的热带草原发展项目为例

著　者 /〔巴西〕塞尔吉奥·施莱辛格
译　者 / 张传红　齐顾波

出 版 人 / 谢寿光
项目统筹 / 高明秀
责任编辑 / 高明秀　何晋东　俞孟令

出　版 / 社会科学文献出版社·当代世界出版分社（010）59367004
　　　　　地址：北京市北三环中路甲 29 号院华龙大厦　邮编：100029
　　　　　网址：www. ssap. com. cn
发　行 / 市场营销中心（010）59367081　59367018
印　装 / 北京季蜂印刷有限公司

规　格 / 开本：787mm × 1092mm　1/16
　　　　　印 张：17　字 数：299 千字
版　次 / 2017 年 4 月第 1 版　2017 年 4 月第 1 次印刷
书　号 / ISBN 978 - 7 - 5097 - 9527 - 9
定　价 / 79.00 元

本书如有印装质量问题，请与读者服务中心（010 - 59367028）联系